城市轨道交通运营管理专业课程教学改革与实践

朱丽君 著

东南大学出版社
·南京·

图书在版编目(CIP)数据

城市轨道交通运营管理专业课程教学改革与实践/
朱丽君著. -- 南京:东南大学出版社,2024.8.
ISBN 978-7-5766-1467-1

Ⅰ.U239.5

中国国家版本馆 CIP 数据核字第 2024546LE1 号

责任编辑:褚婧　　责任校对:韩小亮　　封面设计:余武莉　　责任印制:周荣虎

城市轨道交通运营管理专业课程教学改革与实践

Chengshi Guidao Jiaotong Yunying Guanli Zhuanye Kecheng Jiaoxue Gaige yu Shijian

著　　者:朱丽君
出版发行:东南大学出版社
出 版 人:白云飞
社　　址:南京市四牌楼 2 号　邮编:210096　电话:025-83793330
网　　址:http://www.seupress.com
经　　销:全国各地新华书店
排　　版:南京布克文化发展有限公司
印　　刷:江苏凤凰数码印务有限公司
开　　本:787 mm×1092 mm　1/16
印　　张:8.75
字　　数:200 千
版 印 次:2024 年 8 月第 1 版第 1 次印刷
书　　号:ISBN 978-7-5766-1467-1
定　　价:68.00 元

本社图书如有印装质量问题,请直接与营销部联系(电话:02583791830)

前言

作为本书的作者,我深感荣幸能够深入剖析并探讨高职院校城市轨道交通专业人才培养模式的改革与发展。在这个充满变革与机遇的时代,本书不仅审视了现有教育体系,更预见并回应了未来城市轨道交通行业的人才需求。

本书的研究核心在于高职院校城市轨道交通专业人才培养模式的改革。在跨学科工程教育的大背景下,本书重新审视了高职人才培养模式,旨在培养出能够引领行业创新、具备国际视野的高素质技术技能人才。这些人才将成为未来城市轨道交通领域的中坚力量,他们需具备扎实的专业基础、创新精神和实践能力,以适应行业的快速发展。

在教学方法上,本书引入了混合式教学和项目教学法等创新性手段。混合式教学打破了传统学科壁垒,促进了不同学科之间的交叉融合,提高了教学质量和效果,激发了学生的学习兴趣和积极性。而项目教学法则通过实践案例,让学生在真实情境中学习和探索,有效提升了他们的实践能力和解决问题的能力。

同时,本书也关注到了高职院校就业指导工作的现状。面对学生在就业时的迷茫和无助,书中提出了完善就业指导工作的措施和建议,包括加强校企合作、开展职业规划和就业指导课程等。这些措施旨在帮助学生更好地了解行业需求和职业发展趋势,提高他们的就业竞争力和职业适应能力。

在课程思政方面,本书深刻认识到了思政教育在高等职业教育中的重要性。书中构建了合理的课程思政内容和实践策略,将思政教育融入到专业课程的教学中,引导学生树立正确的人生观、价值观和世界观。这不仅有助于提升学生的思想政治素养,更有助于培养他们的社会责任感和使命感。

总之,这本书的研究成果是我对高职院校城市轨道交通专业人才培养模式的深入思考和探索的结晶。我希望通过这本书的出版,能够为相关教育工作者提供参考和借鉴,共同推动高职院校城市轨道交通专业的教学改革和发展。未来,我将继续深化研究、完善教学方法和策略,为城市轨道交通行业的发展培养更多优秀的技术技能人才,为国家的繁荣和进步贡献自己的力量。

著者
2024 年 6 月 28 日

目录

第一章 高职院校城市轨道交通专业人才培养模式改革研究 …………… 001
  第一节 高职人才培养的目标定位 ………………………………………… 001
  第二节 在跨学科工程教育环境中对高职人才培养模式的审视 ………… 017
  第三节 跨学科工程教育背景下高职人才培养模式的改革 ……………… 025

第二章 "城市轨道交通客运组织"课程开展混合式教学的教学设计与应用研究 … 034
  第一节 定义概念及理论基础 ……………………………………………… 034
  第二节 高职院校"城市轨道交通客运组织"课程学习状况及混合式学习模式效果
       研究 ……………………………………………………………………… 037
  第三节 混合式学习理念下"城市轨道交通客运组织"课程的教学设计与实践应用
       ………………………………………………………………………… 042

第三章 "轨道交通概论"课程开展项目教学的应用研究 …………………… 060
  第一节 项目教学法的基础理论 …………………………………………… 060
  第二节 项目教学法在"轨道交通概论"课程中的设计 …………………… 065
  第三节 项目教学法在"轨道交通概论"课程中的实践 …………………… 074

第四章 高等职业院校就业指导策略研究——以城市轨道交通专业为例 …… 086
  第一节 定义概念与理论基础 ……………………………………………… 086
  第二节 高职院校对城市轨道交通专业学生开展就业指导工作的现状 … 090
  第三节 完善高职院校就业指导工作的措施的建议 ……………………… 101

第五章　课程思政在轨道交通专业课程中的应用研究 ………… 108
　第一节　课程思政的理论概述 ………… 108
　第二节　轨道交通专业课程中课程思政的内容构建 ………… 117
　第三节　轨道交通专业课程中课程思政的实践策略 ………… 122

参考文献 ………… 132

第一章 高职院校城市轨道交通专业人才培养模式改革研究

第一节 高职人才培养的目标定位

一、定义概念

（一）跨学科工程教育

跨学科工程教育是一种教育理念和实践，我们的教育目标是培养学生突破传统学科的界限，具备整合不同学科的知识、技能的能力，从而有效应对和解决现实世界中复杂多变的问题。这种培养模式鼓励学生将不同学科的知识与技能相融合，形成综合性的思维方式和解决策略，以适应未来多变且充满挑战的社会环境。这种教育模式强调不同学科之间的相互联系，鼓励学生在解决问题时超越学科边界，综合运用各种学科的知识和方法。

跨学科工程教育具备跨学科性质。整合多学科知识——跨学科工程教育要求学生不仅仅掌握一个学科的知识，还需要理解和整合多个学科的知识，包括科学、技术、工程、数学等领域。学科融合——学生在项目或问题解决中，需要将不同学科的概念和方法进行融合，形成全面的解决方案。

跨学科工程教育以实际问题为导向。解决实际问题——跨学科工程教育强调解决真实世界的实际问题，培养学生实际应用的能力。工程实践——学生通常会参与工程项目、实验室研究等实际应用，从而将理论知识转化为实际技能。

跨学科工程教育追求团队合作与沟通。多学科团队——学生在跨学科项目中通常需要与来自不同学科背景的同学协作，模拟真实工作环境。沟通技能——培养学生具备跨学科沟通的能力,使他们能够有效地与不同学科领域的专业人士进行交流。

跨学科工程教育培养学生的创新力和创造力。创新思维——跨学科工程教育培养学生具备跨学科思维,能够创新性地解决问题。创造性设计——鼓励学生提出创造性的设计和解决方案,通过跨学科的思考来推动创新。

跨学科工程教育的教育模式和方法。项目驱动——跨学科工程教育通常采用项目驱动的教育模式,通过实际项目的设计和实施,培养学生的跨学科能力。实践经验——使学生通过实际经验来学习,如实地实习、参与工程项目等。

跨学科工程教育培养学生的持续学习和适应的能力。终身学习——跨学科工程教育注重培养学生具备终身学习的意识,因为技术和知识在不断发展,要求工程专业人才不断更新自己的知识和技能。

跨学科工程教育的社会影响。社会责任感——跨学科工程教育强调工程师的社会责任感,培养学生关注社会、环境和伦理等问题的意识。

跨学科工程教育的目标是培养具备广泛知识背景和跨学科思维能力的工程专业人才,使其能够在不同领域中解决复杂的问题,推动科学技术的发展。这种教育模式能够更好地适应当今社会和工业发展的需求,培养出更具综合素养的工程师。

(二)高等职业教育

在探讨高等职业教育人才培养模式改革时,深入理解高等职业教育的核心概念是不可或缺的先决条件。然而学术界对于高等职业教育的定义一直以来都有着不同的理解。一方面,学术界中有一部分学者将高等职业教育明确地归类于职业教育的领域内,他们强调这是一种级别较高的职业教育形式。这一观点强调了高职教育的职业性和实用性,将其定位于为职业需求培养实际操作技能的教育层次。从这个角度看,高职教育更注重对学生职业技能的培养,以适应社会对专业技术人才的需求。从另一方面来看,有一种声音坚持认为高等职业教育是高等教育体系不可或缺的一部分——培养具备特定技能的学生,为国家实体经济的发展打下坚实的基础。这一立场将高职教育纳入了更为广泛的高等教育范畴,强调其服务地方社会经济的使命,同时突显了其既有职业性,又有实用性的特质。从这个角度看,高职教育不仅关注学生的职业技能,还注重培养学生的综合素养,以更好地适应社会发展的多元化需求。

在探讨高等职业教育的范畴时,我们可以将其划分为学历教育和非学历教育两大主要部分。其中,学历教育即通常的高等职业教育,非学历教育通常指开展某项技能的培训,也可以是专注职业资格证书的考核。这一划分呼应了高职教育的多元性——不仅关注传统的学历层次,还注重提供灵活的非学历培训,以更好地满足社会对各类专业技术人才的需求。

对于高等职业教育的概念,不同观点强调了其职业性、实用性以及服务地方经济的特点。在研究高职人才培养模式改革时,需要在明晰概念的基础上,充分考虑高职教育的多元性——综合运用不同层次的教育形式,旨在培养更加符合社会需求、具备综合素养的高素质人才。这也为高职教育在面对未来的发展挑战时提供了更加灵活和多元的发展路径。

(三）城市轨道交通专业

城市轨道交通专业是一门涉及城市轨道交通系统规划、设计、建设、运营和管理的工程技术专业。这一领域主要关注城市内轨道交通系统的高效、安全、可持续发展，包括地铁、轻轨、有轨电车等各种轨道交通工具。以下是对城市轨道交通专业内容的一些描述。

1. 专业范围：城市轨道交通专业广泛涉及交通工程、电气工程、机械工程、信息工程等多个领域。专业课程包括城市轨道交通规划、轨道交通线路设计、列车运行控制、轨道工程施工管理等内容。

2. 规划设计：专业培养学生具备规划和设计城市轨道交通系统的能力，包括线路布局、站点设计、车辆选型等方面。学生需要掌握相关的工程软件和技术，了解不同轨道交通系统的特点和运行要求。

3. 工程建设：学生学习城市轨道交通专业还需了解轨道工程的施工管理，包括土建工程、轨道铺设、车站建设等方面的知识。掌握先进的建设技术和管理方法，确保轨道交通工程的质量和进度。

4. 通信信号：城市轨道交通系统依赖先进的信号与通信技术来确保运行的安全和高效。专业培养学生对列车运行控制系统、通信网络、信号系统等方面有深入的了解和实际操作能力。

5. 运营管理：学生在城市轨道交通专业中也学习运营与管理方面的知识，包括列车运行调度、维护管理、安全监控等。了解城市轨道交通系统的全过程，从而更好地参与日常运营和系统的长期管理。

6. 可持续发展：随着城市化进程的加速，城市轨道交通专业还注重培养学生可持续发展的理念，包括能源节约、环境保护、交通智能化等方面的应用。

总体而言，城市轨道交通专业培养的专业人才旨在应对城市交通需求不断增长的挑战，为城市轨道交通系统的建设、运营和管理提供高水平的技术支持和专业服务。

（四）高职院校人才培养模式

人才培养模式，作为高校人才培养的关键所在，扮演着不可或缺的角色，在国家发展层面具有举足轻重的地位。这一理念的形成源于对"培养理念""培养目标""培养过程""培养条件"等多个要素的全面考量，其中"模式"一词更是突显了其强调过程而非结果的特质。社会不断变革和发展，对于人才的需求也在不断演变。传统的人才培养方式逐渐显露出无法满足多样化需求的弊端，因此，对人才培养模式进行改革成为当务之急。这一改革并非简单地对细节进行调整，而是需要涉及培养目标、培养过程、培养制度、培养评价等方面的全方位重组和革新。

在人才培养模式的构建中，关键的一环是培养理念。这不仅仅是理论层面的表述，更是一种宏观层面的指导思想。培养理念的建立直接关系到人才培养模式的走向和效果。培养理念作为理论阐述，为培养目标的实现提供了宏观的指导，而培养目标则在中观层面为具体的操作规定提供了方向。

人才培养模式的改革不仅涉及内部构成要素的调整，更需关注整体的可持续性和推广性。普适性和推广性的前提在于明确人才培养模式的可复制性和操作性。这需要在理论和实践中取得平衡,确保不仅是学科内部的适应,也能够为不同领域和行业提供可行的培养方案。只有在这种前提下,人才培养模式的改革才能够真正产生普世的影响。

人才培养模式的核心是"模式"本身,这强调了人才培养作为一个过程的本质。培养模式并非一成不变,而是不断演进、调整的。因此,在人才培养模式的构建和改革中,我们需要时刻保持对新思想、新理念的敏感性,不断引入创新元素,以适应不断变化的社会和产业需求。

综合而言,人才培养模式作为高校人才培养的核心,对国家发展起到了不可或缺的作用。其构成要素包括培养理念、培养目标、培养过程、培养条件等多个层面,其中"模式"突显了其过程性的本质。改革人才培养模式需要全面思考并重构培养目标、过程、制度和评价等多方面内容,以适应多样化的社会需求。只有在理论与实践相辅相成的基础上,才能够确保人才培养模式改革的可持续性和普适性,为培养更多高素质人才注入新的活力。

二、基础理论

(一) 科学、技术、工程、数学(STEM)教育理论

STEM(科学、技术、工程和数学)教育理论的根源可追溯至美国的高等工程教育,其核心理念在于鼓励四大理工学科的交叉融合。这一理论强调在保留各学科独特性的同时,通过实际问题的解决推动它们相互交汇、共同发展。STEM被视为一门后设计学科,包含了所有理工科的知识领域,体现了其全面性和综合性的特点。学术界普遍达成共识,将STEM教育理论视作一种综合性的教育理念。其核心在于将关键概念巧妙地融入真实、引人入胜的问题情境中。这种教育模式不仅助力学生掌握基础知识,更重要的是使得学生形成跨学科的综合性思维,理解偏科的危害。

美国在面临科学、技术、工程和数学等领域人才匮乏的挑战之际,特别推出了STEM教育策略,意在填补一系列关键领域的人才缺口。随着科技的发展,STEM教育理念不断深化,并在各种教育环境中得到了广泛采纳和应用,内容也得到不断的丰富和拓展。这种发展趋势使得STEM教育不局限于一个国家,更成为全球范围内推动综合性科学、技术、工程和数学学科发展的重要理论基石。

中国的教育体系长久以来坚持学科分离的教育架构。然而,信息的迅猛增长使得分科教育的局限性日益凸显。这种硬性分割的教学方式已难以满足当今社会对多元化知识的渴求。因此,我们需要用跨学科教育的STEM教育理念来打破传统的分科教育的壁垒,培养能够适应复杂世界挑战的复合型人才。尤其是在高等职业教育领域,将STEM教育拓展至更广泛的学科领域显得尤为重要。

高等职业教育是培养学生实际技能的平台,在采纳STEM教育理念时,我们应当紧密结合高职教育的独特属性,强调技术或职业性的核心地位。高职教育的精髓在于培育学生掌握实实在在的职业技能,这一职业性特质决定了技术或职业性在高职教育中的核心地位。这种融合更加贴合职业实践的实际需求,从而为学生打造一个更为全面且实用

的知识体系。这一理念的推广和实践有望推动高等职业教育在科技、工程、数学等领域的不断创新与发展，助力培养更具实际应用能力的专业人才。

(二) 艺术与设计融入 STEM 教育模型

随着科技的飞速发展和社会对多元化人才的需求日益增长，STEM 教育逐渐从传统的框架中脱颖而出，迈向了一个更为广阔和包容的领域。这一演进的显著标志，便是"STEM＋"概念的诞生与普及。这里的"＋"并非简单的数学符号，而是象征着无限的可能性与包容性，它代表着任何一门学科，旨在打破固有的学科界限，实现跨学科知识的融合与创新。在这一大背景下，杰出的教育家格雷特·亚克门教授敏锐地捕捉到了教育的这一发展趋势，并提出了一个具有划时代意义的教育模型——STEAM。这一模型在 STEM 中巧妙地将艺术（Arts）融入进来，使原本以理工科为主导的 STEM 教育变得更为全面和立体。

这一发展不仅强调了不同学科之间的内在联系，更为学科整合提供了更为灵活的空间。通过"STEM＋"的理念，教育界在创新中探索着跨学科融合的可能性，使得学科边界逐渐模糊。STEAM 教育模型的引入则将艺术的元素融入科技、工程、数学等领域，为学生提供更为丰富和多元的学习体验，培养了更具创造性和综合能力的未来人才。这一进展为教育领域带来了新的思维方式，推动了教育理念的不断创新与发展。

(三) 素养冰山模型

麦克利兰教授首次提出的"素养冰山模型"突显了个体素质的多层次本质。除了外显的知识、技能和操作等表面层面，模型强调了那些无法直接测量的内在元素，包括动机、品行和角色等。此模型的提出间接验证了"胜任力模型"，后者以任务为核心，涵盖了完成任务所需的各种要素。将"冰山模型"与"胜任力模型"联系起来，清晰展现了外显的"显性胜任力"对应于冰山上部，而不易察觉的"隐性胜任力"对应于冰山下部。这一观点揭示了素质的全面性，强调了对外显能力关注的同时必须重视那些潜在而难以察觉的胜任力因素。在这个理念下，个体的综合素质不仅仅是可见的技能和知识，更包括激励力、品德和角色定位等深层次特质。这种全面性的理解有助于建构更为综合和全面的教育体系，使人们能够更好地理解和培养个体的潜力。

"素养冰山模型"的核心在于发现和培育个体的隐性素质，以教学内容紧密贴合真实岗位能力为终极目标。这一模型特别关注在实际工作场景中的学习与实践。"素养冰山模型"更为重视在任务执行过程中洞察隐藏内容的能力。它旨在实现理实一体的综合教育模式，从而全面塑造和提升个体的职业素养。在培养学生的全面职业素养研究中，以"素养冰山理论"为指导，明确了高职人才培养的目标定位。通过不断调整和修正研究过程，力求完善这一目标。该理论框架要求目标不仅关注冰山上部的显性内容，还强调培养冰山下部的隐性素质。在确立高职人才培养目标的同时，强调提升高职人才的综合素质，最大限度挖掘个体潜能。这一全面培养模式有望在跨学科工程教育背景下推动高职人才实现全方位的发展。

三、跨学科工程教育背景下高等教育人才培养模式改革的实践探索

（一）国外跨学科工程教育人才培养模式案例

1. 斯坦福大学 Bio-X 计划

Bio-X 计划的特点：Bio-X 计划具有整合性的特点，旨在促进生命科学、医学和工程科学之间的融合。该计划强调通过跨学科研究和教育解决复杂问题。

Bio-X 计划的实践：为实现这一目标，Bio-X 计划采用多种实践方法。首先，通过设立专门的研究中心，提供一个交叉学科合作的平台。其次，通过颁发跨学科研究奖励，鼓励学者和学生在多学科团队中共同探索前沿领域。此外，该计划还积极推动合作项目，为生命科学和工程科学的专业人才创造一个共同学习和合作的环境。

2. 麻省理工学院（MIT）全球创新联合实验室（GIX）

GIX 的特点：GIX 作为麻省理工学院与清华大学和中国工程院联手打造的全球创新联合实验室，突显了全球性创新和跨学科合作的特征。

GIX 的实践：GIX 在实践中采用了多元的方式来培养学生。首先，通过提供跨学科课程，确保学生在不同领域获取广泛的知识。其次，通过组织创新项目，激发学生的创新能力，培养他们在多学科环境下的合作技能。同时，GIX 也支持初创企业，使学生能够将创新付诸实践，并在全球范围内拓宽他们的视野。

3. 哈佛大学工程与应用科学学院

学院的特点：该学院注重综合性和跨学科性，涵盖了生物医学工程、环境工程等多个学科领域。

学院的实践：为了培养学生的综合应用能力，学院提供了广泛的实践机会。学生有机会参与各种不同学科领域的研究项目，通过实际操作和团队协作，拓宽他们的学科广度。这种实践方向有助于学生更好地理解并应用他们在不同领域中学到的知识。

4. 新加坡国立大学（NUS）工程创新与设计中心

中心的特点：该中心专注于培养学生具备跨学科工程能力，注重培养学生创新、设计和实际问题解决能力。

中心的实践：学生在该中心的实践中，不仅会接触到不同学科领域的知识，还需要在实际的项目中整合这些知识。通过参与项目，学生培养了解决实际问题的能力，并在创新和设计方面取得实际的成果。

5. 加利福尼亚大学伯克利分校综合工程学科项目

项目的特点：该项目旨在培养工程领导者，着眼于工程实践、创新和领导力的全面发展。

项目的实践：学生通过参与项目、参加创业竞赛和接受领导力培训，全方位提高自身在工程领域的跨学科能力。这些实践活动不仅强化了学生的技术能力，还培养了他们在团队中卓越的领导力和创新思维。

（二）国内跨学科工程教育人才培养模式案例

1. 清华大学工程管理专业

专业的特点：清华大学的工程管理专业旨在培养具备工程背景和管理能力的跨学科专业人才。该专业强调在解决实际问题时整合工程系统，注重全局性和系统性的综合管理。

专业的实践：学生在该专业中将深入学习工程项目管理、系统优化、决策分析等多个方面的知识。通过参与实际项目案例，学生不仅能够将理论知识应用于实际情境，还能够培养跨学科应用的实际能力，从而更好地应对工程与管理交叉领域的挑战。

2. 上海交通大学—南加州大学联合工程师双学位项目

项目的特点：上海交通大学与南加州大学合作开设的工程师双学位项目致力于培养具备全球化视野和跨文化沟通能力的工程专业人才。

项目的实践：项目的独特之处在于，学生既能够接受中西方工程理论体系的全面培训，同时还能积极参与实际项目。通过与来自不同文化背景的同学合作，学生在解决工程问题的同时，也提高了跨文化沟通和合作的实际技能，为未来在国际舞台上的工作打下坚实基础。

3. 北京航空航天大学飞行器设计与工程专业

专业的特点：该专业旨在培养具备航空领域工程设计能力的专业人才，覆盖了航空工程、电子工程、材料工程等多个学科领域。

专业的实践：学生在课程中将直接面对实际飞行器设计项目，通过团队协作，整合多学科知识解决实际工程问题。这种实践模式旨在培养学生在复杂的航空工程领域中综合应用知识和技能的能力，使他们成为未来专业领域的领导者。

4. 同济大学交叉科学研究院

研究院的特点：交叉科学研究院致力于推动不同学科之间的交叉与融合，旨在培养具备多学科知识的工程研究人员。

研究院的实践：学院通过组织跨学科研讨会、支持跨学科研究项目等方式，鼓励不同学科领域的学者和学生进行合作研究。这样的实践环境能够促使学生在真实的研究场景中学习和应用多学科知识，推动科研成果更好地应用于实际问题的解决。

5. 浙江大学工业设计与创新管理专业

专业的特点：该专业旨在培养具备综合运用工业设计、创新管理等多学科知识能力的工程创新人才。

专业的实践：学生在该专业中将参与实际项目，学习工业设计原理和创新管理方法。通过参与创业实践和产品设计，他们能够锻炼跨学科应用的实际能力，不仅提高了设计水平，还培养了解决实际问题的能力。这种实践经验使学生更能适应未来工程创新领域的需求。

四、跨学科工程教育背景下高等职业院校人才培养的定位

（一）跨学科工程教育引导高职人才培养目标变革

当前科技不断迎来新的发展，社会对高职教育的需求也变得更加多元化和复杂化。

在这个时代背景下,跨学科工程教育崭露头角,成为塑造高职人才培养目标的引领者。跨学科工程教育通过将不同学科领域的知识和技能融合,为学生提供更全面、综合的培养,使其具备更强大的适应能力和创新思维。

高职人才培养目标的引导作用体现在跨学科工程教育能够打破传统学科界限,促使学生在解决问题时能够综合运用多学科知识。这种综合性的培养有助于学生更好地适应未来工作的需要,面对复杂的社会问题能够提供更有效的解决方案。同时,跨学科工程教育注重培养学生的团队协作和沟通能力,使其能够更好地在团队中发挥作用,共同推动项目的成功实施。

这一变革对教育体系和社会带来深远影响。在教育体系方面,跨学科工程教育的推广促使学校更加注重培养学生的实际能力和综合素质,推动教学方法的创新和改革。教育不再只是传授知识,更注重培养学生的实际应用能力,使其具备更好的竞争力。

在社会层面,跨学科工程教育培养出的高职人才更具有创新意识和团队协作精神,有助于推动科技创新和社会进步。这些跨学科人才能够更好地适应未来社会的发展趋势,为各行各业带来新的思维和解决问题的方式,推动社会不断向前发展。跨学科工程教育在当前科技快速发展的时代背景下,为高职人才培养目标的设定提供了新的方向。其引导作用不仅是在知识层面的整合,而且在培养学生的创新能力、团队协作精神等方面也取得了积极的成果。这一变革对教育和社会都将产生积极而深远的影响,为未来的人才培养和社会进步提供了新的可能性。

1. 跨学科工程教育的概念与特点

跨学科工程教育作为一种前卫的教育理念,强调整合不同学科的知识与技能,将学术间的狭隘界限打破,使学生在解决实际问题、融合多学科知识和团队协作方面具备更为全面的能力。其独特之处在于,通过跨越传统学科边界,使学生不仅成为专业领域的专家,更能够在不同领域间灵活应对,具备更高水平的跨领域思维和实践能力。

在跨学科工程教育的框架下,学生将不再仅仅关注某一领域的知识,而是通过融合多学科的角度来看待问题。这种跨学科的思维方式使学生能够更全面地理解和解决实际生活中的复杂问题。例如,一个工程项目可能涉及工程学、计算机科学、经济学等多个领域的知识,跨学科工程教育使学生能够更好地协同合作,共同解决这些综合性问题。

不仅如此,跨学科工程教育还特别强调培养学生对实际问题的解决能力。它通过将书本上的理论知识与工作中的实践技能相融合,培养学生做到学以致用。这种实际问题导向的教育模式有助于学生更好地理解知识的实际应用价值,提高解决实际问题的能力。团队协作也是跨学科工程教育的核心理念之一。在现实世界中,很少有项目是由单一领域的专家独立完成的,更多的是需要不同领域的专业人才协同合作。通过跨学科工程教育,学生在团队中学会协调合作、有效沟通,培养了解决问题的集体智慧。跨学科工程教育通过整合多学科知识、注重实际问题解决和强调团队协作,为学生提供了更为丰富和全面的教育体验。这种教育理念不仅有助于学生更好地适应快速变化的社会需求,也为他们在未来的职业生涯中取得更大的成功奠定了坚实的基础。

2. 传统高职人才培养目标的困境

长期以来,传统的高职人才培养一直以专业知识的灌输和职业技能的培养为主导,其目标在于培养学生成为特定领域的专业人才,以满足行业的基本需求。然而,随着社会经济的快速发展和科技的不断进步,这种传统培养模式在面对日益复杂多样的现代职业需求时逐渐显得力不从心。

传统高职人才培养强调的专业知识和职业技能虽然在一定程度上能够满足行业的基本要求,但现代职业的变革和多元化发展对人才提出了更高层次的要求。职场需要的不只是具有狭隘的专业技能的人才,更需要具备跨学科思维、创新意识和团队协作能力的综合型人才。传统培养模式的狭隘性使得学生在职业发展中面临更多的挑战,很难适应复杂多变的工作环境。

随着科技的发展,许多行业的边界变得模糊,不同领域的知识相互交叉,形成了新的行业和职业。传统培养模式往往无法适应这种快速变化和交叉融合的趋势,学生毕业后可能陷入职业发展的瓶颈。此外,现代职场对创新和解决实际问题的能力提出了更高要求,而传统培养模式往往缺乏对这些方面的系统培养。

基于以上种种原因,迫切需要改革高职人才培养模式,引入更加灵活、综合和符合现代职业需求的教育理念。跨学科工程教育作为一种新兴的教育模式,注重整合多学科知识、解决实际问题和团队协作,为培养具备更广泛能力的综合型人才提供了新的方向。这种变革不仅有助于学生更好地适应未来职业的挑战,也为社会培养更具创新力和竞争力的高职人才提供了更有力的支持。

3. 跨学科工程教育对高职人才培养目标的引导

(1) 培养创新能力

培养创新能力已经成为现代高职教育的当务之急,而跨学科工程教育以其独特的教学理念和方法成为推动创新的强有力工具。通过项目驱动,这种教育模式远离传统的死记硬背,注重学生在实际问题中的应用与实践,旨在培养学生的创新思维和解决复杂问题的能力。在跨学科工程教育中,项目驱动的教学方法使学生置身于真实的工程情境中。通过参与实际项目,学生不仅能获取知识,更锻炼了面对挑战时的灵活性和创造性。这种实践导向的学习方式不仅显著提升了学生们的动手操作能力,更在无形中点燃了他们对问题深层次思考的热情,激发了他们寻求创新解决方案的积极探索精神。通过实践,学生们不仅学会了如何应用知识,更在解决问题的过程中培养了批判性思维和创新意识,为未来的学习和职业生涯奠定了坚实的基础。注重实际问题解决是跨学科工程教育的另一个显著特点。学生在课程中面对的问题往往是真实的、具体的,涉及不同学科领域的知识。通过解决这些实际问题,学生必须涉足多学科,将不同领域的知识有机结合,培养了自身的全局观和跨学科思维。

跨学科工程教育强调培养学生的创新思维,这不仅意味着培养学生创造性地思考问题,更包括促进学生对不同学科领域的理解和整合。学生在项目中通过与来自不同专业的同学合作,学会借鉴其他领域的思维方式,形成更为综合和创新的解决方案。跨学科工程教育通过全面的培养,旨在培养出具备创新精神的高职人才。这种创新能力不仅在解决技术问题时得以体现,更在面对社会、经济、环境等复杂问题时表现出色。这样的教育模式不仅满足了现代职业对创新能力的迫切需求,也为培养适应未来社会挑战的高素质人才打下了坚实的基础。

(2) 强化综合素养

强化综合素养是跨学科工程教育的一个重要目标,通过让学生参与跨学科项目,使他们能够接触到来自不同领域的知识,从而提高综合运用各类知识的能力,培养全面素养。在跨学科项目中,学生往往需要处理复杂的问题,这些问题涉及多个学科领域。通过这种实践,学生不仅仅在狭隘的专业范畴中获得知识,还能够涉足多学科,学习并整合相关的知识。这样的跨学科学习经验培养了学生全面思考问题、综合运用各类知识的能力,使其在未来职业生涯中更具备适应性和综合素养。

综合素养不仅仅包括学科知识的广度,还包括对各种技能和方法的熟练运用。跨学科项目的特点在于需要学生运用多种技能来解决问题,比如沟通能力、团队协作能力、创新能力等。学生通过参与这样的项目,不仅在专业领域得到了锻炼,还培养了与人合作、解决实际问题的技能,提升了综合素养。此外,跨学科项目中的实际问题解决过程往往涉及社会、经济、环境等多个维度,学生需要在解决问题的过程中考虑到这些方面的影响。这种全面性的思考使得学生的综合素养得到了全方位的培养,不再局限于学科知识,而是涵盖了更为广泛的社会认知和综合应用能力。

因此,强化综合素养成为跨学科工程教育的一项显著优势,使学生在实践中培养全方位的素养,不仅在专业领域有深厚的知识储备,更能够综合运用各类知识,全面应对未来职业和社会的挑战。

(3) 促进团队合作

促进团队合作是跨学科工程教育的一项关键目标,通过培养学生在团队中协同工作的技能,以提高集体智慧和协同创新的能力。在跨学科工程项目的实践中,学生们常需携手来自多元专业领域的同伴,携手并进,共同面对并攻克复杂的挑战。这种协同合作并非单纯为了完成既定任务,其更深层次的意义在于,通过汇聚不同专业背景的思维火花与经验智慧,我们能编织出更为周全、创新的解决方案,从而推动项目的全面进展。通过这种协同工作,学生不仅学到了如何有效地与他人合作,更培养了在多元化团队中协调、沟通的技能。

跨学科工程教育注重培养学生的团队协作意识,使他们能够更好地利用各自的专业知识和技能,协同推动项目的进展。在这个过程中,学生学会倾听他人的意见,尊重多元观点,激发集体智慧。这种集体智慧不仅仅是简单的知识相加,更是通过不同思维方式的碰撞,形成新的、更具创新性的解决方案。团队合作的加强也有助于培养学生的领导力和组织协调能力。在项目团队中,学生有机会担任领导角色,学会有效地分配任务、激发团队潜力。同时,他们也学到了如何在复杂多变的情境中适应并协调各种资源,提高组织和协同创新的能力。这种注重团队合作的教育理念不仅有益于学生在学术方面的发展,更为他们未来的职业生涯打下了坚实的基础。现代社会越来越注重协同工作和团队创新,培养学生在团队中协同工作的技能,有助于他们更好地适应未来职业的发展趋势,成为具备综合素质的全面人才。

4. 跨学科工程教育变革的意义

(1) 应对复杂挑战是跨学科工程教育的重要目标之一,通过该教育模式,高职毕业生将更具备面对复杂多变的社会挑战的能力,从而提高他们的适应性。

在跨学科工程教育中，学生参与各种实际项目，这些项目通常涉及多个学科领域，要求学生综合运用知识解决实际问题。通过这样的实践经验，学生培养了跨学科思维和综合运用知识的能力，能够更灵活地应对社会中的复杂挑战。这种教育模式注重实际问题的解决，使学生在面对现实挑战时不仅有理论支持，更具备实际操作的技能。项目驱动的学习方式使学生深入了解问题的本质，通过多学科角度的思考，为解决问题提供更为全面、创新的方案。这种解决实际问题的经验不仅增强了学生解决问题的能力，同时也培养了他们对复杂挑战的适应性。

跨学科工程教育还强调团队合作，学生在团队中协同工作，共同面对挑战。在团队合作的过程中，他们学会了有效沟通、倾听他人意见、协调决策，这些团队协作的技能对于应对复杂挑战至关重要。学生通过团队合作，培养了在多变环境下适应、协调和协作的能力。跨学科工程教育还注重培养学生的创新思维和创造性解决问题的能力，这种创新意识使得高职毕业生能够在面对新的挑战时更具有前瞻性和创造性，不仅能够应对已知问题，还能够更好地应对未知和复杂的挑战。跨学科工程教育通过项目实践、团队合作和创新思维的培养，使高职毕业生具备面对复杂多变的社会挑战的能力，提高他们的适应性，这种经历为他们未来进入社会打下基础，增强了专业技能、团队协作能力和社会责任感。

（2）提升竞争力是跨学科工程教育的显著优势之一，通过这种教育背景培养出的高职人才更具综合竞争力，更容易适应不同行业的需求，从而提高就业和职业发展的机会。在跨学科工程教育的框架下，学生接触到来自不同学科领域的知识，通过融合这些知识，培养了综合应用多学科知识的能力。这使得他们不仅仅局限于某个专业领域，而是能够在不同领域中灵活运用知识，更具备适应不同行业需求的能力。多元的知识储备赋予高职毕业生更强大的综合竞争力，使他们能在变幻莫测的职场环境中轻松崭露头角，展现独特优势。

跨学科工程教育注重实际问题解决和项目驱动，培养学生在真实场景中应用知识解决问题的能力。这种实践经验不仅锻炼了学生的动手能力，还使他们能够更好地理解问题的本质，为解决问题提供更创新的方案。这种解决实际问题的能力是当前职场所迫切需要的，高职毕业生通过跨学科工程教育更容易在职场中脱颖而出，提高就业竞争力。

跨学科工程教育强调团队合作，学生在团队中协同工作，培养了团队协作和沟通的能力。这种团队合作的经验使得高职毕业生能够更好地在企业和组织中协调合作，胜任各种团队项目。这种团队协作技能在现代职场中至关重要，对于提高竞争力有着显著的积极影响。因此，通过跨学科工程教育培养的高职人才在综合竞争力上更具优势。他们不仅拥有广泛的知识背景，还具备实际问题解决的能力和团队协作的技能，这使得他们更容易适应各种行业的需求，提高就业和职业发展的机会。

（3）促进产业创新是跨学科工程教育的一项重要贡献。通过该教育模式培养的人才更容易积极参与到产业创新中，推动科技进步，为社会创造更大的价值。跨学科工程教育强调整合不同学科的知识与技能，培养学生具备跨领域的思维方式。这使得高职毕业生能够更全面地理解和应用不同领域的知识，为产业创新提供更为丰富的元素。在面对复杂的产业挑战时，他们能够从多学科的角度出发，提供更具前瞻性和创新性的解决方案。跨学科工程教育强调项目驱动和实际问题解决，培养学生解决实际产业问题的能力。学生通过参与各种项目,深入研究和解决真实产业中的问题,这种实践经验使得他们更能够理解产业的需求和挑战。这样的实际问题解决能力使他们更具备参与产业创新的实际能力,能够为企业提供创新性的解决方案。

团队合作是跨学科工程教育的重要组成部分,学生在团队中协同工作,共同迎接挑战。这种团队合作经验不仅培养了学生的团队协作技能,也使他们能够更好地在产业创新团队中融入,充分发挥各自的优势,推动创新项目的成功实施。跨学科工程教育培养出来的人才,更容易成为产业创新的推动者和领导者。他们不仅在技术层面上具备广泛的知识背景,更在团队协作、实际问题解决、创新思维等方面具备丰富的经验。这使得他们能够更积极地参与到产业创新中,推动科技进步,为社会创造更大的价值。因此,跨学科工程教育的产业创新导向有助于培养更具实际应用能力和创新精神的高职人才,为产业发展注入新的活力。

总而言之,跨学科工程教育引领高职人才培养目标的演变,不仅是对传统培养模式的挑战,更是适应时代发展的必然选择。高职教育需要更加注重学科融合、实践能力和创新精神的培养,以更好地服务于社会和产业的发展。跨学科工程教育的推广和深化将为高职教育注入新的活力与动力,为培养适应未来社会需求的高质量人才打下坚实基础。

(二)跨学科工程教育背景下定格高职人才培养目标

随着社会科技的迅速发展和产业结构的不断演变,高职教育正面临着前所未有的挑战。在适应新时代需求、培养更具综合素养的人才方面,高职教育需要积极应对变革,以更好地满足社会对多方面能力的迫切需求。跨学科工程教育强调将不同学科的知识和技能有机融合,培养学生全面发展的能力。在这一理念的指导下,高职教育可以重新审视人才培养目标,更好地适应社会的多元化需求。

首先,高职教育应该注重培养学生的跨学科思维能力。面对日新月异的科技发展和产业变革,一个拥有跨学科思维能力的人才更容易适应不同领域的挑战。通过跨学科工程教育,高职教育可以激发学生的创新潜力,使他们能够在不同领域中脱颖而出。

其次,高职教育需要更加注重对实践能力的培养。跨学科工程教育强调实际问题解决能力,培养学生在实际工作中的灵活应对。高职教育可以通过与行业合作、实习实训等方式,提供更多实际经验,使学生在毕业后能够迅速融入工作环境,并具备解决实际问题的能力。

最后,高职教育还需要关注学生的综合素养。跨学科工程教育注重培养学生的综合素养,包括团队合作能力、沟通能力、创新意识等方面。高职教育应该通过多元化的教学方法,培养学生在各个方面的竞争力,使他们能够胜任不同职业领域的挑战。在社会科技飞速发展和产业结构不断变革的大背景下,高职教育需要以跨学科工程教育为理念的指导,重新定位人才培养目标,致力于培养更具综合素养的人才,以更好地适应社会的多方面需求。通过这种努力,高职教育将能够更好地满足社会对高素质人才的迫切需求,为新时代的发展作出积极贡献。

1. 跨学科工程教育的兴起

跨学科工程教育的兴起标志着一种革命性的教育理念崭露头角,这种理念突破了传统学科边界,成为教育领域的一股新潮流。其核心思想在于通过整合不同学科的知识和技能,致力于培养学生具备全面发展的综合素养,为高职人才培养领域带来全新的思考和实践。

在传统的高职人才培养中,通常过于侧重专业知识的灌输,而跨学科工程教育的引入为改变这一现状提供了崭新的思路。通过将不同学科的知识和技能进行整合,学生能够更全面地理解问题和挑战,从而培养出更具综合素养的专业人才。这种全方位发展的培养策略有效助力学生适应日益多元化的社会需求,确保他们在面对未来复杂多变的职业环境时能够从容应对,游刃有余。跨学科工程教育的另一特点是强调对实际问题的解决能力。通过将理论知识与实际问题相结合,学生能够在实际情境中应用所学,培养出更利于实践的技能。这有助于打破传统教育中对于知识的孤立学习,促使学生学会在团队合作中运用跨学科知识,提升解决问题的能力。

此外,跨学科工程教育还强调创新意识的培养。在整合多学科的过程中,学生将接触到更广泛的思维方式和解决问题的方法,激发自身的创新潜力。这对于适应科技飞速发展和社会变革的新时代环境至关重要,为高职人才培养注入了更为灵活、前瞻的元素和新的活力。通过整合不同学科的知识和技能,培养全面发展的综合素养,强调实际问题解决和创新能力的培养,这种教育理念为高职人才的培养目标提供了更为全面和适应性的方向。随着这一理念的深入实践,有望培养出更具有综合素质的高职人才,为社会的进步和发展贡献更多积极力量。

2. 传统高职人才培养目标的局限性

传统高职人才培养目标的局限性日益显现,其主要侧重点在于对专业知识和职业技能的传授,却忽视了对综合素养和跨学科能力的培养。随着社会的发展,这种狭隘的培养模式已经不足以应对现代社会对人才的全方位需求。在时代变革的背景下,迫切需要思考如何调整培养目标,使之更为全面、灵活,更好地适应未来社会的要求。

传统高职人才培养主要注重专业知识和职业技能的灌输,这在一定程度上培养了学生的专业能力,但往往导致学生对其他学科领域的疏忽。现代社会对人才的需求越来越倾向于多领域融合的综合型人才,而传统培养目标的局限性使得毕业生在跨学科合作和解决复杂问题方面显得相对不足。另一方面,传统培养目标强调的是就业需要的职业技能,但忽略了培养学生的创新意识和解决实际问题的能力。现代社会对于创新型人才的需求越发迫切,而传统培养目标的狭隘性使得学生在面对未知挑战时可能缺乏足够的灵活性和创造力。

因此,调整高职人才培养目标势在必行。新的培养目标应该更注重跨学科能力的培养,倡导学科之间的整合与交叉,培养学生具备更广泛知识视野的同时,强化他们的综合素养。此外,强调实际问题解决和创新能力的培养也应成为新的培养目标的重要组成部分,使学生能够更好地适应未来复杂和不确定的社会环境。在新的培养目标的指导下,高职教育将能够更好地培养适应时代变革的综合型人才,为社会的可持续发展提供更为有力的支持。通过调整目标,培养学生更全面的素养,高职教育将更好地满足现代社会对人才的多元化需求,为学生未来的职业发展奠定更为坚实的基础。

3. 定格高职人才培养目标的路径

(1) 全面素养的培养

在跨学科工程教育的引领下,高职培养目标亟待调整,以更好地适应现代社会的发展需求。其中,全面素养的培养成为一项关键任务,不仅包括传统的文化素养,还需要强调科技素养、创新素养等多个方面,使学生能够在各个层面都展现出卓越的综合素质。

首先,文化素养的培养是全面素养的基础。传统的文化素养包括人文历史、社会伦理等方面的知识,而在全面素养的理念下,还需要培养学生具备国际化视野和跨文化交流的能力。在高职教育中增设多元化的文化课程和国际交流项目,可以使学生更好地理解和尊重不同文化,从而更好地融入国际社会。

其次,科技素养的培养是适应现代科技发展的迫切需求。传统的高职培养目标可能偏向于特定职业领域的技术培养,而在全面素养的框架下,学生需要具备更广泛的科技素养,包括信息技术运用、数字化思维等方面的能力。通过引入前沿科技课程和实践项目,高职教育可以培养学生对科技的深刻理解和应用能力,使其在各种不同领域都能够灵活运用科技手段。

最后,创新素养的培养也是全面素养的重要组成部分。现代社会对创新型人才的需求不断增加,而传统培养目标可能未能充分强调创新思维和创造性问题解决的能力。通过引入创新教育、项目驱动等教学模式,高职教育可以激发学生的创新潜力,培养他们面对未知挑战时提出新颖解决方案的能力。

总之,在跨学科工程教育的引领下,高职培养目标应更加注重学生全面素养的培养。这包括文化素养、科技素养、创新素养等多个方面,使学生能够更好地适应多元化的社会环境,为未来的职业发展奠定坚实基础。通过对全面素养的培养,高职教育将培养出更具有综合素质的人才,为社会的可持续发展贡献更多积极力量。

(2) 实际问题解决能力的培养

在跨学科工程教育的引领下,项目驱动的教学理念为高职人才培养提供了一种创新的途径。这种教育方式注重培养学生解决实际问题的能力,强调促进学生实际操作技能的提升,使学生更好地适应未来职业发展的挑战。因此,高职人才培养目标应该更加着眼于提高学生在实际工作场景中的问题解决能力,强化实际操作技能,以适应现代社会对多层次、全方位人才的需求。

首先,项目驱动的教学方式使学生能够直接面对真实世界中的问题,从而培养他们解决实际问题的能力。通过参与项目,学生需要综合运用不同学科的知识和技能,迎接项目中可能出现的各种挑战。这样的实际问题解决过程不仅激发了学生的创新潜力,还使他们在解决问题的同时学到了更多实践经验。

其次,高职人才培养目标需要更加注重实际操作技能的强化。传统培养目标可能更偏向于理论知识的传授,而在实际工作场景中,实际操作技能同样重要。借助项目驱动的教学方式,学生能在真实的场景中实践所学,锤炼实际操作技能,进而提升职场中的实操能力,更加精准地满足职业发展的需求。

最后,项目驱动的教学理念还有助于培养学生的团队协作和沟通能力。在解决实际问题的过程中,学生需要与不同专业背景的同学协同工作,共同应对项目中的挑战。这样的团队协作经验不仅促进了学生之间的交流,也培养了他们在团队中更好地协作、沟通的能力。

总之,基于跨学科工程教育中项目驱动的教学方式,高职人才培养目标应更加注重学生在实际工作场景中的问题解决能力,强化实际操作技能。这样的培养方式有助于学生更好地适应职业发展的挑战,使他们在真实的工作环境中能够灵活应对各种情境,为社会提供更具实际操作经验和解决问题能力的专业人才。

(3) 跨学科团队协作能力的培养

在跨学科工程教育的背景下,团队协作成为一项至关重要的能力。这种教育理念强调整合不同学科的知识和技能,使学生能够在团队中协作解决复杂问题。因此,高职人才培养的目标应更加聚焦于学生团队意识与沟通能力,确保他们能够有效应对职业环境中存在的不可控性。

首先,团队协作的培养对于提升学生全方位的能力至关重要。在跨学科团队中,学生必须将不同学科的知识融会贯通,通过相互协作共同解决现实问题,这一过程将极大地丰富他们的综合素养。这种经验不仅丰富了学生的学科视野,也培养了他们的综合素养,使其在未来的职业生涯中更具竞争力。

其次,团队协作培养了学生的沟通能力。在多学科背景的团队中,有效的沟通成为成功合作的关键。学生需要清晰表达自己的观点,理解并尊重其他团队成员的看法,从而更好地协作完成任务。这样的沟通能力在职业生涯中非常关键,尤其是在团队合作和项目管理方面。团队协作的培养也有助于培养学生的领导能力。在团队中,学生可能需要扮演不同的角色,包括领导者、协调者等。这样的经验可以锻炼学生的领导潜力,培养他们在未来职业中担任领导职务的能力。

总之,跨学科工程教育强调团队协作,高职人才培养目标应该更加注重学生团队协作和沟通能力的培养。这不仅有助于学生更好地适应复杂多变的职业环境,还能培养出更具综合素养和领导潜力的专业人才。通过这种团队协作的培养方式,高职人才将更具备在不同职业领域中成功发展所需的综合素养和团队合作能力。

4. 培养目标的调整对高职人才的意义

(1) 适应性强

高职人才,定格在全面素养和实际问题解决能力的培养中,展现出了卓越的适应性。这种培养模式使得他们在面对未来工作的多样性和复杂性时更灵活和易适应。

首先,全面素养的培养使高职人才具备了更为广泛的知识基础和综合素质。在跨学科工程教育的引导下,学生不仅深入研究专业领域,还能够涉足其他学科,形成全面发展的综合素养。这种广泛的知识背景为他们在不同领域中快速学习和适应提供了坚实的基础。

其次,实际问题解决能力的培养使高职人才具备了解决未知挑战的能力。通过项目驱动和实际操作技能的强化,学生在面对实际问题时能够运用所学知识,提出创新性的解决方案。这样的培养模式锻炼了他们在不确定的环境中处理问题的能力,使得他们更加适应未来职业中的变化与挑战。现代职业环境的复杂性要求从业者具备跨领域的能力,而全面素养的培养正是为了满足这一需求。高职人才不仅能够在本专业领域内深耕,还能够在跨学科合作中充分发挥自己的优势,更好地适应不同领域的工作需求。

总之,全面素养和实际问题解决能力的培养使高职人才呈现出强大的适应性。他们具备了广泛的知识基础、跨学科的能力,以及解决未知挑战的实际技能,这使得他们能够更灵活、更高效地适应未来工作的多样性和复杂性。在这个充满变革的时代,高职人才的强大适应性将成为他们职业生涯成功的重要保障。

（2）提高综合竞争力

在跨学科工程教育的背景下,高职人才培养目标的调整将极大地提高学生的综合竞争力,使他们更容易在不同领域中脱颖而出。这种调整涵盖了全面素养、实际问题解决能力以及团队协作等多个方面,为学生的职业发展打下了坚实的基础。

首先,全面素养的培养使高职人才更具竞争力。跨学科工程教育注重多领域知识的整合,使学生在深入专业领域的同时具备广泛的视野。这样的全面素养使得他们能够更好地适应不同领域的工作需求,提高了他们在复杂的职业环境中脱颖而出的能力。

其次,实际问题解决能力的培养为高职人才增添了独特的竞争力。通过项目驱动和强化实际操作技能,学生能够在解决实际问题的过程中培养创新思维和解决复杂问题的能力。这种实践经验不仅提高了他们的问题解决效率,还使他们在职业竞争中更具优势。团队协作的能力培养也为高职人才增添了竞争力。在跨学科的团队中,学生需要与不同背景的同学协同工作,锻炼了团队协作和沟通能力。这种团队协作经验使得高职人才更具合作精神,更容易在团队中脱颖而出。

总之,跨学科工程教育的背景下,高职人才培养目标的调整将使学生更具综合竞争力。全面素养、实际问题解决能力和团队协作等方面的提升,使他们能够更好地适应职业环境的多样性,更轻松地在不同领域中脱颖而出。这样的高职人才将成为未来社会发展的中坚力量,为各行各业带来更多创新和活力。

（3）推动产业创新

在跨学科工程教育的引领下,培养具备跨学科知识的高职人才不仅对个体学生有益,同时也对产业创新起到积极的推动作用。这种全面素养的培养模式有助于为企业创造更多的发展机遇。

首先,具备跨学科知识的高职人才能够在不同领域间进行有机地融合,为产业创新注入新的思维和动力。他们不仅在专业领域拥有深厚的知识,还能够将其他学科的见解融入解决实际问题的过程中。这种多学科的整合有助于激发创新思维,推动产业在技术、管理和市场等方面的创新。

其次,这种跨学科知识的培养使得高职人才更能够理解和把握多样化的产业需求。产业创新往往需要从不同领域获取信息和思路,而具备跨学科知识的高职人才能够更灵活地适应产业变革,为企业提供更具前瞻性和适应性的解决方案。跨学科知识的融合培养也有助于高职人才具备解决实际问题的实际操作能力,使他们能够更有效地将创新理念转化为实际产业中的应用。这种实际问题解决能力对于推动产业创新至关重要,有助于高职人才在企业中更好地担当起推动变革的角色。

跨学科工程教育的背景下,培养具备跨学科知识的高职人才将为产业创新提供强有力的支持。这种人才具备全面素养、实际问题解决能力和团队协作精神,能够推动企业在不同层面上的创新,为产业的可持续发展创造更多的机遇。在未来的社会环境中,这样的高职人才将成为推动产业升级和创新发展的关键力量。

跨学科工程教育为高职人才培养目标的定格提供了崭新的视角,为适应未来社会和职业发展的需求提供了丰富而创新的方向。全面素养、实际问题解决能力以及跨学科团队协作能力的培养成为高职人才发展的关键因素,不仅使其更灵活适应社会变革,同时为推动产业发展、服务社会,培育更多具备综合素养的人才储备打下了坚实基础。全面素养的培养将高职人才的知识结构拓展至多个领域,超越了传统专业边界。这不仅丰富了个体的学科视野,还使其在面对多元化的职业要求时更具应变能力。通过引入跨学科的知识,高职人才将更全面地理解社会和产业的复杂性,为未来的职业挑战做好充分准备。

实际问题解决能力的培养使高职人才具备了解决现实挑战的实际技能。这不仅仅是理论知识的应用,更是对复杂问题的深度思考和创新性解决方案的提出。高职人才在实际问题解决的过程中,培养了创新精神和灵活性,为未来社会的快速变化做好了应对的准备。跨学科团队协作的能力培养则使高职人才更适应多元化、国际化的团队合作环境。在团队中,他们不仅学会尊重和理解不同学科背景的同事,还能够更有效地与他人协作,共同迎接项目中的挑战。这种协作经验培养了高职人才的领导力和团队合作能力,使其在职业发展中更具竞争力。

通过不断调整培养目标,高职教育不仅能更好地服务社会需求,也能够推动产业发展。培养更多具备综合素养的人才储备,有助于构建更具创新力和适应性的劳动力队伍,为社会和产业的可持续发展提供强大支持。这样的高职人才将在未来的社会中扮演着关键的角色,引领着社会与产业向更加繁荣、创新的未来迈进。

第二节 在跨学科工程教育环境中对高职人才培养模式的审视

一、对高职人才培养模式改革的情况进行分析

在当前我国新经济蓬勃发展的浪潮中,高等教育系统敏锐洞察到工程教育须与时俱进,因此,人才的培养模式也需要随之改革,以适应新经济的发展需求。随着跨学科工程教育理论的相对成熟,相关实践探索变得至关重要,成为跨学科工程教育建设的一项紧迫任务。在这个关键时期,高等职业院校也积极响应这一趋势,开始对职业教育领域的跨学科工程教育与人才培养模式进行积极而全面的改革。

高等职业院校在跨学科工程教育的背景下进行的人才培养模式改革涉及多个方面。首先是进行专业设置的调整,以更好地满足新经济的需求,确保培养出符合市场需求的高素质人才。其次是进行课程体系的重构,以紧密贴合跨学科工程教育的理论体系和实践需求,使学生能够在学业中获取最为实用和前沿的知识。再次是师资队伍的革新,通过引入更多具有实践经验和跨学科工程教育理念的教师,提高教学质量和学生实践能力。

最后是校企合作的深化。这成为改革的另一个关键点,通过与企业建立更紧密的联系,使学生在实际工作中能够更好地应对挑战,增强职业竞争力。

这一系列改革举措不仅构成了高等职业教育领域跨学科工程教育改革的核心动力,更是高等职业教育紧跟时代步伐、积极回应社会发展需求的显著体现。为适应新的经济发展趋势,高等职业院校通过与时俱进的人才培养模式,培养出更具实际能力和市场竞争力的人才,为社会经济的可持续发展做出了积极贡献。

(一)专业设置的调整

我国过去的工程教育习惯性地沿用了基于学科分类的传统模式,各个专业被局限在各自学科的边界内,主要关注那些较为固定的工程问题。然而,随着跨学科工程教育建设的推进,社会面临着越来越多的多学科交叉融合、纷繁复杂的实际问题,传统的学科逻辑显然已经无法满足时代的需求。为了更好地适应这一变革,高等职业院校正在积极进行专业设置的调整。

首先,高等职业院校正致力于建设专业群。这种做法能够更好地满足跨学科工程教育建设中对多学科协同创新的需求,促进不同领域知识的交流与整合。其次,高等职业院校在调整专业设置时也在增设跨学科工程教育相关专业和方向,撤销或改造了传统专业。学校新增了一系列与跨学科工程教育密切相关的专业,如大数据技术与应用、云计算技术与应用等,以更好地满足新兴产业的需求。同时,对于一些传统专业,学校也进行了重新审视,采取了关停或改造的措施。这一系列调整体现了高等职业院校对跨学科工程教育建设的积极响应,力求通过专业设置的灵活调整,更好地与新兴产业需求相契合,实现教育与产业的深度对接。

在新一轮科技与产业革命的浪潮中,交通运输行业正迎来各种新技术和新服务模式的迅速涌现。在这一变革背景下,高等职业院校积极响应跨学科工程教育的理念,致力于构建更为创新和综合的交通运输产业体系。城市轨道交通专业的设立成为高等职业院校重要的改革举措之一,其主要目的在于培养适应城市交通产业的技术技能人才。这一专业涵盖了多个方面,包括硬件制造、软件开发、集成与服务、平台运营服务、企业生产、建设、服务等多个领域。

跨学科专业知识的培训不仅涵盖高速铁路运营管理,还包含云计算平台构建、物联网设备部署与物联网网络构建、AI系统集成与应用开发、网络安全技术、智能交通系统设计与维护等多个领域。学生经过这种多元化综合教育后,将能够胜任城市轨道交通运营规划师、高速铁路智能系统维护工程师、交通智能化技术工程师、高速铁路系统集成专家、智能交通通信网络架构师等多样化的职业角色。高等职业技术学院在推动跨学科工程技术教育改革时,不仅积极开设新兴专业与方向,更加重视与云计算、人工智能等前沿技术的深度融合,使教育内容更加跨学科与多元化,以满足专业发展的最新需求和时代进步的步伐。这一系列改革策略致力于培育更具综合素质和创新精神的人才,推动交通运输行业向更加智能化和绿色可持续的未来迈进。

（二）重新构建课程体系

在跨学科工程教育的构建过程中，我们视培养具备新时代特征的工程建设人才为重中之重。这需要我们摒弃传统工科人才培育的固有模式，勇于革新。同时，高职教育的目标不再局限于培养单一技术型人才，而是向着更为全面、具备创新精神和技能的技术技能型人才方向迈进。我们看到了越来越多具备综合专业能力的人才崭露头角，这恰好体现了当前社会对人才培养在多元化和个性化方面的深刻需求。这些人才不仅具备扎实的专业知识，还拥有跨领域的综合能力，成为推动市场繁荣的重要力量。为了迎合这一人才培养趋势，高等职业院校采取了具体而有力的措施，其中之一是调整课程内容。这不仅仅意味着要重新审视现有课程，更要求对课程内容进行全面的更新，以确保它们更贴近新型工程建设人才的培养需求。这包括深入学习专业基础知识和应用创新领域，以使学生在毕业后具备全面的技术技能和能够应对实际工作挑战的能力。

高等职业院校进行了课程结构性的调整。传统的"三段式"课程（基础课、专业课、实训课）虽然强调了课程实践环节，却未能给予学生足够的个性发展空间。为了解决这一问题，你认为高等职业院校应该如何处理必修与选修的关系呢？必修课为学业之基石，确保知识体系的完整性，为学习相关领域知识打下基础；选修课如锦上添花，丰富个人兴趣与专长，为跨学科学习提供服务。高等职业院校通过调整课程内容和结构，积极致力于培养适应新时代需求的技术技能型人才，并为学生提供更多个性发展的机会，以促进整体人才培养体系的不断优化和升级。

（三）高等职业院校师资队伍建设

随着跨学科工程教育的不断深入推进，高等职业院校在人才培养模式上迎来了前所未有的挑战与机遇。在这一背景下，师资队伍的升级变革显得尤为重要。作为人才培养的关键引领者，教师在跨学科工程教育中发挥着至关重要的作用，他们不仅是知识的传授者，更是学生能力培养和创新意识激发的引路人。因此，构建一支具备跨学科工程教育能力的师资队伍，成为高等职业院校人才培养模式改革的核心任务。

1. 跨学科工程教育对师资队伍的新要求。跨学科工程教育强调知识的融合与创新，要求学生具备宽广的知识面和深厚的专业素养。这就要求教师不仅要具备扎实的专业基础，还要具备跨学科的知识结构和创新能力。同时，随着工程问题的开放性和复杂性日益增强，教师还需要具备解决复杂工程问题的能力，以及引导学生进行实践探索和创新培养的能力。

2. 师资队伍调整与更新的必要性。为了适应跨学科工程教育的发展需求，高等职业院校必须对师资队伍进行调整和更新。一方面，需要引进具备跨学科背景和专业能力的教师，以充实教师队伍，提高整体教学水平；另一方面，需要加强对现有教师的培训和进修，提高他们的专业素养和创新能力，使他们能够更好地适应跨学科工程教育的教学需求。

3. 师资队伍调整与更新的具体措施。首先，调整师资队伍结构。在引进新教师时，高等职业院校应更加注重教师的跨学科背景和专业能力。可以通过招聘具有跨学科背景的教师、鼓励教师跨学科进修、设立跨学科研究项目等方式，引导教师向跨学科方向发展。同时，还可以聘请具有丰富实践经验的行业专家和企业技术人员作为兼职教师，为学生提供更为贴近实践的教学指导。其次，更新师资培训方式。针对现有教师的培训，高等职业院校应摒弃传统的单一学科培训模式，采用跨学科、综合性的培训方式。为了增强教师的能力，可以策划并组织一系列活动，如不同学科间课程设计研讨会等，旨在帮助教师深化对多学科交叉融合的理解，同时提升他们跨学科课程的设计与实施能力。同时，还可以鼓励教师参与企业实践、行业调研等活动，增强教师的实践能力和市场意识。再次，强化教师实践能力培养。跨学科工程教育强调实践性和创新性，因此，教师的实践能力培养尤为重要。高等职业院校可以通过建立与企业、行业的紧密合作关系，为教师提供实践锻炼的机会。例如，可以组织教师参与企业项目研发、技术改造等活动，使教师在实践中提升专业素养和创新能力。此外，还可以鼓励教师参与行业竞赛、科技创新等活动，以检验和提高自身的实践能力。最后，建立激励机制和评价体系。为了激发教师的积极性和创造力，高等职业院校应建立完善的激励机制和评价体系。可以通过设立跨学科教学奖励、科研成果奖励等方式，鼓励教师积极投身跨学科工程教育的教学和科研工作。同时，还应建立科学的评价体系，对教师的教学质量、科研成果、实践能力等方面进行全面评价，为教师提供明确的职业发展方向和成长路径。

总之，在跨学科工程教育背景下，高等职业院校师资队伍建设面临着新的机遇和挑战。通过调整师资队伍结构、更新师资培训方式、强化教师实践能力培养以及建立激励机制和评价体系等措施，可以构建一支具备跨学科工程教育能力的师资队伍，为高等职业院校人才培养模式改革提供有力的人才保障。

（四）深化校企合作

随着新一轮科技革命和产业变革的深入推进，新兴产业蓬勃发展，对高层次技术技能人才的需求日益增长。高职院校作为培养技术技能人才的重要基地，面临着如何适应新兴产业发展，提升人才培养质量，与企业形成紧密合作关系的重大课题。深化校企合作的研究旨在探讨高职院校校企合作模式在新兴产业背景下的创新与发展，以期为实现人才培养与产业发展的良性互动提供理论支持和实践指导。

1. 新兴产业对高职教育的挑战与机遇。新兴产业，特别是以人工智能、大数据、物联网为代表的新一代信息技术，因其高速的发展和广泛的应用，对高职教育提出了新的要求和挑战。一方面，新兴产业的发展要求高职院校不断更新教学内容，拓展专业领域，将新兴技术融入教育教学之中；另一方面，新兴产业对技术技能人才的需求更加多元化和专业化，要求高职院校在人才培养上更加注重实践能力和创新能力的培养。同时，新兴产业的发展也为高职院校带来了前所未有的机遇。通过与企业的紧密合作，高职院校可以深入了解企业需求和行业动态，及时调整人才培养方向，确保人才培养与市场需求紧密对接。此外，高职院校还可以借助企业的资源和技术优势，共同开展技术研发和成果转化，实现产学研深度融合，推动科研成果转化为现实生产力。

2. 高职院校与企业合作模式的创新。在新兴产业背景下，高职院校与企业之间的合作模式需要不断创新，以适应产业发展的新趋势和新要求。以下是几种值得借鉴的创新合作模式:第一,教师企业实践模式,高职院校应鼓励教师深入企业实践,了解企业的实际运作和最新发展趋势。通过企业实践,教师可以获取第一手资料,更新教学内容,提升教学水平。同时,教师还可以将企业的实际案例引入课堂,使学生更直观地了解产业前沿技术和市场动态。此外,高职院校还可以邀请企业专家来校授课或开展讲座,与教师进行学术交流,共同推动教学改革和人才培养质量的提升。第二,学生企业实习模式,高职院校应增加学生企业实习的时长和频次,为学生提供更多的实践机会。通过实习,学生可以更深入地了解行业真实工作情景,提升实践能力和职业素养。同时,企业也可以为学生提供更多的职业指导和帮助,促进学生更好地融入职场。此外,高职院校还可以与企业共同制定实习计划和考核标准,确保实习质量和效果。第三,校企共建实训中心模式,高职院校可以与企业共同投入资源,建设实训中心。这种实训中心不仅可以为学生提供更为先进和贴近实际工作的实践环境,还可以为企业提供更好的人才储备。通过校企共建实训中心,可以实现资源共享和优势互补,促进人才培养和产业发展的有机结合。此外,实训中心还可以成为学校与企业之间沟通交流的桥梁和纽带,推动双方在技术研发、成果转化等方面的深度合作。第四,跨学科工程教育模式,在跨学科工程教育的大背景下,高职院校可以与企业共同开展跨学科工程教育项目。通过跨学科工程教育项目,可以培养学生的跨学科思维和创新能力,提升学生对复杂问题的分析和解决能力。同时,跨学科工程教育项目还可以促进学校与企业之间的深度合作,共同推动技术创新和产业升级。

3. 校企合作在新兴产业背景下的具体实践。在新兴产业背景下,高职院校与企业之间的合作已经取得了显著成效。主要有以下几种合作形式:

(1)智能制造企业培训实训中心的建设。高职院校可以与智能制造企业开展合作,共同建设智能制造企业培训实训中心。中心应涵盖智能制造领域的多个专业方向,配备先进的设备和软件资源。通过实训中心的建设和运营,学生可以在真实的工作环境中进行实践操作和技能训练,提升实践能力和职业素养。同时,企业也可以利用实训中心进行员工培训和技术研发工作,实现资源共享和优势互补。

(2)产业学院和行企校三元共建模式。高职院校可以与一家行业协会和多家企业共同合作,共同建立产业学院。产业学院采用跨专业分级分类人才培养模式,根据企业需求和行业发展趋势设置专业课程和实践环节。通过产业学院的建设和运营,学校、企业和行业协会之间形成了紧密的合作关系,共同推动人才培养和产业发展。同时,产业学院还为学生提供了更广阔的就业和发展空间,促进了学生全面发展。

(3)1+X证书制度的推进。高职院校可以与企业共同推进1+X证书制度,即学历证书+若干职业技能等级证书制度。学校与企业共同制定考核方案和考试组织流程,确保人才培养质量符合市场需求。通过1+X证书制度的推进,学生可以获得更多的职业技能证书和实践经验。同时,企业也可以更加精准地选拔符合自己需求的人才,提高了招聘效率和人才质量。

总之,在新兴产业背景下,高职院校与企业之间的合作面临着新的机遇和挑战。通过创新合作模式、加强校企合作机制、共建实训中心等措施,可以实现人才培养和产业发展的有机结合,为产业转型升级和学生全面发展提供有力支持。同时,高职院校也需要不断更新教育理念和教学方法,提升人才培养质量,为经济社会发展做出更大贡献。

二、对高职人才培养模式的现状进行深入分析

我国高等职业院校在跨学科工程教育的背景下努力进行人才培养模式的实践探索,取得了一些成果,然而这一过程中也暴露出一系列问题。这些问题更加凸显出高职人才培养模式改革的紧迫性。经济学家道格拉斯·诺斯的"路径依赖"现象在这一背景下变得尤为显著,他指出一旦选择了某种系统或体制,就会受到多种因素的制约,这导致该系统或体制难以脱离原有的路径。这一理论在高职人才培养模式改革中产生了深远的影响,成为改革所面临的主要困境。在具体的实践中,高职人才培养模式改革中的"路径依赖"问题具体表现为:

1. 培养理念固化:过去形成的培养理念久经历练,难以被突破,从而限制了人才培养模式对新理念的尝试和实践。

2. 培养内容受限:长期积累的培养内容惯性,使得在跨学科工程教育的要求下,培养内容难以灵活调整和更新,呈现出相对僵化的状态。

3. 培养方式僵化:传统的培养方式深受路径依赖的影响,新的培养方式难以在短时间内替代既有的固定路径,阻碍了创新尝试的进行。

4. 培养条件依赖:长期形成的培养条件已经成为一种依赖,新的培养条件的建设和适应需要面临多方面的困难。

高职人才培养模式改革中这些"路径依赖"现象增加了改革的难度,制约了新理念的推广、培养内容的创新、培养方式的灵活转变以及培养条件的全面提升。因此,解决"路径依赖"问题显然成为高职人才培养模式改革的关键所在。通过深入研究、理论创新和实践探索,或许可以找到打破"路径依赖"的有效途径,推动高职人才培养模式朝着更加适应跨学科工程教育背景的方向发展。

(一)人才培养理念固化

1. 外部环境的剧变成为推动能力素质不断进化的重要动力。近年来,这些变革不仅重塑了市场结构,也对各行各业所需的专业人才标准提出了更为严苛的要求。在这样的背景下,高等职业教育的作用显得尤为关键。作为专业技能人才培养的核心阵地,高等职业教育必须通过不断更新教学内容、优化课程设置、强化实践教学,致力于培养出既具备扎实理论基础,又拥有实际操作能力的高素质人才,确保他们能够适应当前复杂多变的市场环境,为社会的持续发展贡献自己的力量。

2. 市场调研在人才培养模式变革中的关键性。一般而言,人才培养模式的变革应该以深入的市场调研为基础。然而,在跨学科工程教育改革的高等职业院校中发现,对市场的了解和调研存在一定不足。这导致在人才培养方案修订中,未能充分考虑市场需求,使得企业需求与高职毕业生之间存在一定距离。因此,加强市场调研,并将调研结果深度融入人才培养方案中显得尤为迫切。

3. 挑战传统培养模式的惯性固着。传统专业和新设专业中都存在人才培养模式的惯性固着问题。过去的培养理念在传统专业中仍然占主导地位,可能过于注重基础操作

而忽视基础理论学习。而在新设立的专业中,培养理念的惯性也需要被打破,需要重新思考并调整培养方向和目标,以适应新兴工科领域的发展需求。

在整个人才培养方案的制定过程中,高等职业院校应加强对市场需求的系统综合分析,打破传统培养的固化模式,确保人才培养更贴近实际需求和市场发展,促使学生更好地适应当前复杂多变的社会环境。在研究城市轨道交通专业的过程中,我们观察到该专业的课程设置往往与交通工程等专业的课程大同小异,未能凸显出专业特色,这种做法在一定程度上缺乏了专业的独特性和创新性。虽然新的专业往往是在已有旧专业这棵参天大树上发芽并生长的,它的稳健成长离不开旧专业深厚土壤的滋养。无可否认,延续传统是自然而然的。然而,这种延续可能使得学生在就业市场上难以脱颖而出,面临更为激烈的竞争,进而影响到他们的职业生涯发展。因此,我们需要正视这一问题,摒弃对传统的过度依赖,鼓励新兴专业在继承传统精华的同时,勇敢地迈出探索新领域的步伐,形成独具特色的人才培养模式和专业定位,从而更好地满足社会和经济发展的多元化需求。因此,需要深入思考并创新城市轨道交通专业的人才培养模式,使其更符合新兴领域的需求,确保毕业生具备独特的优势。

(二)人才培养内容受限

面对跨学科工程教育建设的改革浪潮,高等职业院校迅速行动,对人才培养课程体系进行了深刻调整。他们摒弃了传统的固定式课程结构,代之以更为灵活多变的专业方向课程和专业选修课程。这一创新的改革旨在点燃学生的学习热情,培养他们独立学习的能力,进而提升他们适应快速变化的时代和市场需求的能力。然而,这一改革过程中,教师面临一系列普遍存在的问题,包括任务繁重、时间成本大以及对教学资源的更新需求。课程改革要求教师进行专业知识的重新组织,更新教学课件和相关材料等任务。然而,这些任务需要投入大量时间,导致了教师的积极性不足。同时,教师对原有教学内容的熟悉和对传统课程的依赖,使得在面对课程改革时难以全面更新课程内容。

在改革跨学科工程教育人才培养模式的过程中,我们不仅要积极构建新兴领域的课程体系,以应对未来技术和市场的挑战,更要密切关注并更新经典课程,确保它们与时俱进,与新的教育理念和实践保持同步。这样的全方位关注将有助于我们培养出既具备专业知识,又拥有创新思维和适应能力的优秀人才。传统课程的更新需求来自市场、行业和企业的变化,然而,由于教师时间和精力的限制,深入企业进行详细调研变得困难,从而导致课程改革更多地依赖传统的经验和做法。这一系列问题突显了在高等职业院校课程改革中需要更好地平衡新旧知识的整合、激发教师的积极性,以及对传统课程的有效更新。通过提高教师的参与度、优化资源配置、强化实践调研等手段,可以更好地推动高等职业院校人才培养课程体系的持续发展,确保培养出适应社会需求的高质量专业人才。

(三)人才培养方式僵化

在跨学科工程教育建设的大背景下,高等职业院校纷纷采用以"订单班"为主的培养方式,城市轨道交通专业也在这一趋势中展开。这一模式以大型企业预订学生形成班级,使学校能够及时满足企业的用人需求,并实现培养内容与实际岗位需求的高度契合,促进了学校和企业、教学和市场之间的紧密联系。尽管订单班模式成功解决了学生就业问题，也为企业提供了所需人才，但同时也带来了一些问题。当前订单班模式在适应性方面存在明显短板。由于订单班培养的人才高度聚焦于某个企业，其针对性极强，然而，随着企业和市场环境的快速变化，培养内容往往难以迅速调整以符合新的需求，这使得其实时性和适应性受到一定限制。订单班模式可能在一定程度上降低了学生的职业转换能力。学生的职业能力和素养往往被过度定制化，这可能会限制他们在职业生涯中的跨岗位或跨行业转换能力，从而对未来的职业发展产生制约。因此，尽管订单班模式在满足企业即时用人需求方面取得了一定成效，但高等职业院校仍需审慎评估其潜在的适应性以及对学生全面发展的影响。为了确保人才培养的可持续性和全面性，学校应在制定培养计划时更加灵活，并注重培养学生的通用职业素养和持续学习能力，以使他们能够更好地适应未来多变的职业环境。

尽管订单班模式存在某些局限性，但职业院校仍然保留它，这主要是因为其带来的多方面优势。首先，订单班模式实现了市场需求导向的教育。这种模式直接对接企业的实际需求，确保学生所学的技能和知识能够紧密匹配市场的要求。这不仅使学生能够更好地适应未来的工作环境，也为企业提供了直接、高效的招聘途径。其次，订单班模式显著提高了学生的就业率。通过与企业的紧密合作，学生毕业后可以直接进入合作企业工作，避免了传统求职过程中的诸多不确定性。这种稳定的就业保障对学生和家长来说具有极大的吸引力。再次，订单班模式注重实践能力的培养。学生在实际的工作环境中学习，能够更快地掌握所需的技能，并将理论知识与实际操作相结合。这种实践能力的培养对学生未来的职业发展具有深远的影响。最后，订单班模式往往能够获得企业的资源支持。企业可能会为订单班提供奖学金、实习机会等，这些资源不仅能够帮助学生更好地完成学业，还能够为他们未来的职业发展打下坚实的基础。因此，尽管订单班模式存在一些局限性，但其在市场需求导向、提高就业率、实践能力培养以及资源支持等方面的优势，使得职业院校仍然保留这一模式。它在职业教育中仍具有不可替代的价值。

（四）人才培养条件依赖

师资对人才培养的制约主要体现在以下几个方面，首先，教育质量。教师的教育水平和教学能力直接影响学生吸收知识的效率，进而影响学生的学术和职业发展。其次，创新能力。教师的科研能力和创新精神是培养学生创新思维的关键，缺乏这些能力的教师难以激发学生的创新思维。再次，资源限制。师资力量不足会导致课程开设受限，教师负担加重，进而影响教学质量和学生的学习体验。最后，态度与素质。教师的态度和素质对学生的人格形成和心理健康有重要影响，缺乏责任心和敬业精神的教师难以培养出全面发展的学生。因此，优化师资队伍，提升教师能力和素质，对于提高人才培养质量至关重要。

当实训设备、场地等资源不足时，学生难以获得充分的实践机会，这直接限制了他们在专业技能和创新能力方面的提升。技能的培养需要实际操作与实践，缺乏足够的实训条件，学生就无法通过亲身体验来深化理论知识的理解和应用，也难以在操作中发现问题、解决问题，进而阻碍了创新思维的发展。更为严重的是，实训条件的不足还可能导致学生的学习内容与企业实际需求存在明显的差距。在快速发展的技术环境下，企业对于人才的需求日益专业化、实用化。如果学校的实训条件不能及时更新,仍然使用过时的设备或软件,那么学生所学的知识和技能可能就已经落后于行业的发展。在这种情况下,学生毕业后进入职场,会发现所学的知识和技能与实际工作岗位的要求存在明显的不匹配,这无疑会对他们的职业发展造成不利影响。因此,实训条件的不足不仅影响了学生的专业技能和创新能力的提升,更可能导致学校教育与市场需求的脱节。这种脱节不仅会影响学生的就业前景,也会对学校的声誉和长远发展产生负面影响。为了真正培养出符合社会需求的高素质人才,学校必须加大对实训条件的投入,确保学生能够在先进的实训环境中得到充分的锻炼和提升,从而更好地适应未来的职业挑战。

第三节　跨学科工程教育背景下高职人才培养模式的改革

一、跨学科工程教育背景下高职人才培养模式的改革经验

(一)通过专业调整来推动人才规格的转变

高等职业院校积极迎接外部工程人才标准的变革,主动调整专业设置以适应时代的发展需求。专业在高校与行业、企业之间扮演着关键的桥梁角色,在人才培养模式改革中起到至关重要的作用。为了满足跨学科工程教育建设的要求,高等职业院校普遍采取了灵活的专业调整措施,以培养符合跨学科工程教育需求的专业人才。这些调整主要体现在两个方面:首先,学校积极建设专业群。在院系层面,高等职业院校围绕同一领域设立专业群,联合不同专业主体,形成一个涵盖多个相关领域的专业群。通过这种方式,不仅拓宽了学生的知识与技能范围,还提升了学校的办学质量。其次,学校及时响应时代发展,增设新的专业或方向,并根据市场需求撤销或改造传统专业。高等职业院校通过这种灵活的专业调整展现了对时代变革的敏感性和快速响应的能力。

(二)通过课程改革来推动人才培养的调整

在迎接跨学科工程教育的挑战的背景下,高等职业院校在课程改革方面展现了积极应对的态度,主要体现在两个关键方面:课程内容的调整和课程结构的重建。首先,在课程内容的调整方面,高等职业院校采取了增加专业方向课程的策略,以迎合知识与技能的不断变革。这一做法既丰富了原有课程内容,也在一定程度上减少或取消了传统的课程。鉴于课程是人才培养的核心载体,高等职业院校通过增设专业方向课程来直接满足工作岗位和行业发展对于技术技能的需求,以适应跨学科工程教育时代的挑战。在这个时代,注重培养解决实际工作问题的能力成为工程教育的核心要素,因此,学校通过提供更为丰富的专业拓展课程,努力拓宽学生的专业视野。其次,在课程结构的调整方面,高等职业院校对传统的三段式课程结构进行了重构,建立了更加层次分明的课程体系。传统的三

段式结构受制于学科教育框架,限制了学生个性发展的空间。为了促进学生的全面发展,高等职业院校将专业的基础知识和必要的技术技能融合在必修课中,并通过选修课程体现个人兴趣和全面发展,包括宽基础的人文课程以及更深入的专业知识与技能。这种结构调整的目标是确保学生在专业技能培养的同时,能够在个人兴趣和综合素质方面得到充分发展。以交通运输专业群为例,专业基础课包括交通运输概论、交通工程、工程识图等,而专业方向课程则专注于城市轨道交通专业的核心内容,如交通设施与设备等。选修课程旨在培养学生跨学科综合能力,主要有数学建模与MATLAB软件、现代物流管理、基础会计及点钞技术、高速公路运营管理、公共关系学、交通工程学等课程。

(三)通过深化校企合作来不断完善培养条件

随着社会的不断发展和科技的日益进步,跨学科人才的培养已成为高等教育和职业教育的重要方向。校企合作作为连接学校与企业、理论与实践的桥梁,对于促进知识的融合与创新、提高学生的综合素质和创新能力具有重要意义。通过深化校企合作来完善培养跨学科人才的条件是一项长期而艰巨的任务。政府、学校和企业应共同努力、密切配合,形成合力推动跨学科人才培养工作不断向前发展。在具体实施中应注重政策引导与激励、资源整合与共享、课程与教材建设、实践教学体系建设、师资队伍建设以及校企合作机制建设等方面的工作。同时加强沟通与协调、建立长期稳定的合作关系以及及时总结经验和教训等方面的工作也是非常重要的。只有这样才能够为跨学科人才培养提供有力的支持和保障。

1. 政府层面

政策引导与激励。政府应出台相关政策,明确校企合作在跨学科人才培养中的重要地位和作用,通过政策引导和激励,鼓励学校和企业积极开展深度合作。例如,设立校企合作专项资金,对表现突出的合作项目给予奖励;在税收政策上给予合作企业一定优惠,降低企业参与校企合作的成本。

监管与评估。政府应加强对校企合作的监管与评估工作,确保合作的有效性和可持续性。建立校企合作项目备案制度,对合作项目进行定期检查和评估,确保合作项目达到预期目标。同时,建立合作成果展示平台,定期发布合作成果,提高校企合作的透明度和影响力。

资源整合与共享。政府应积极推动校企资源整合与共享,提高资源利用效率。建立校企资源共享平台,鼓励学校和企业将各自的资源进行共享,实现优势互补。同时,加强与其他相关部门的沟通与协调,整合各方资源,共同推动跨学科人才培养工作。

2. 学校层面

跨学科课程与教材建设。学校应加强跨学科课程与教材建设,打破学科壁垒,促进不同学科之间的交叉与融合。组织教师开展跨学科课程设计与教材编写工作,形成具有学校特色的跨学科课程体系。同时,鼓励教师开展跨学科研究与合作,将研究成果转化为教学资源,丰富教学内容。

实践教学体系建设。学校应建立完善的实践教学体系,强化实践教学环节在跨学科人才培养中的作用。与企业合作建立实践教学基地和实习实训平台,为学生提供更多的实践机会和平台。同时,加强实践教学管理,确保实践教学的质量和效果。此外,鼓励教师参与企业的研发和技术创新活动,提高教师的实践能力和跨学科知识水平。

师资队伍建设。学校应加强对教师的培训和引进力度,提高教师的跨学科知识水平和教学能力。建立跨学科教师培训制度,定期组织教师参加跨学科培训和学习活动,提高教师的跨学科素养。同时,积极引进具有跨学科背景和实践经验的优秀人才充实师资队伍,为跨学科人才培养提供有力保障。

校企合作机制建设。学校应建立稳定的校企合作机制,加强与企业的沟通和合作。与企业共同制定合作计划和目标,明确合作内容和方式。同时,建立校企合作项目管理机构或团队,负责合作项目的日常管理和协调工作。此外,加强与行业协会、中介机构等的联系与合作,拓宽合作渠道和资源来源。

3. 企业层面

树立人才观念。企业应树立人才是第一资源的观念,重视与学校的合作与交流。将人才培养作为企业发展的重要战略之一,积极参与学校的科研项目和人才培养项目等合作活动。同时,加强对员工的培训和教育力度,提高员工的跨学科素质和创新能力。

提供实践机会和平台。企业应为学生提供更多的实践机会和平台,帮助学生了解企业的实际需求和问题。建立稳定的实践教学基地和实习实训平台,为学生提供真实的实践环境和条件。同时,加强对学生实践活动的指导和支持,确保学生能够在实践中得到充分的锻炼和提高。

参与课程与教材建设。企业应积极参与学校的课程与教材建设工作,将企业的实际需求和发展趋势融入到教学中去。与学校共同开发具有企业特色的课程资源和教材资源,丰富教学内容和形式。同时,鼓励企业专家和技术人员参与学校的授课和讲座活动,为学生提供更多的行业知识和经验分享。

建立长期稳定的合作关系。企业应与学校建立长期稳定的合作关系,形成互利共赢的合作局面。双方应共同制定合作计划和目标,明确合作内容和方式。同时,加强沟通与协调,及时解决合作中出现的问题和困难。此外,建立合作成果展示平台,定期发布合作成果和典型案例,提高校企合作的透明度和影响力。

二、构建深化改革的高职人才培养模式的策略

(一)更新培养理念并确立合理科学的培养目标

在职业教育领域,为了更好地适应时代的发展和市场的需求,我们需要全面更新培养理念,并确立合理科学的培养目标。首先,从总体上来看,职业教育的核心理念应以终身教育为指引,不仅关注学生的当前就业技能,更要着眼于他们的长远发展。这意味着,我们需要从单一的职业技能培训,转变为对学生人生观、价值观和综合素质的全面培养。同时,职业教育应主动适应市场变化,密切关注行业动态和技术发展趋势,确保教育内容与市场需求紧密相连。

在确立培养目标方面,我们应明确职业教育的定位是为产业发展培养高素质的具备

复合型技术技能的人才。这要求我们不仅要注重学生的专业技能提升,还要强调其实践能力、创新精神和综合素质的培养。具体来说,我们需要结合学生的实际情况和市场需求,制定切实可行的教育计划,通过校企合作、实践教学等方式,让学生在实践中锻炼和成长。

总之,更新职业教育的培养理念并确立合理科学的培养目标,是提升职业教育质量、满足市场需求的关键。我们需要从终身教育的角度出发,全面培养学生的综合素质,同时紧密结合市场动态,制定科学实用的培养计划,以培养出更多优秀的技术技能人才,为社会的发展贡献力量。

(二)持续深化课程改革

课程作为人才培养模式的主要承载工具,它的改革成为人才培养模式改革的核心所在。特别是跨学科工程教育建设对课程提出了更为迫切的需求,要求课程不仅要具备融合性,而且要在多学科之间实现高度的交融。这意味着课程设计需要涉足不同学科领域,使得学生能够全面理解和运用各种知识。

尽管一些高校已经在课程改革方面迈出了步伐,但改革的进展存在着不同程度的差异,且尚未形成完整的、具备系统性的课程改革体系。这使得当前的课程设置和教学方式尚未充分适应跨学科工程教育建设的要求。在推动跨学科工程教育建设的进程中,一个核心的要求是确保课程能够在不同学科之间实现深度的交叉与融合。然而,这种融合同时也为各学校带来了一个显著的挑战:随着课程内容的丰富与扩展,课时资源却显得捉襟见肘,两者之间的矛盾日益凸显。由于学生之间的学习背景、知识基础和学科理解能力存在差异,他们对课程的需求也各不相同。这要求我们在课程设计上不仅要追求跨学科融合,还需考虑如何提供更加灵活且差异化的教学方案,以满足不同水平学生的个性化学习需求。这一挑战需要教育机构在课程设计、教学安排以及资源分配等多个层面进行细致的考量与调整。为了解决这些问题,迫切需要构建一套完备的整合与分层的课程体系。这不仅包括对课程内容的合理整合和精简,还需要在课程设置上考虑到不同层次学生的需求,以确保每位学生都能够在学习过程中得到有效的指导和支持。这样的课程体系才能更好地满足跨学科工程教育建设对人才培养的要求,为学生提供更为全面和有针对性的知识体验。

1. 课程融合——化解课时与课程之间的冲突

在追求提升学生专业知识与技能的过程中,高等职业院校纷纷增设专业课程,旨在为学生提供更为丰富和实用的学科内容。然而,这一举措受到学校教育的时间和课时限制的制约。在有限的教学时间内,没法无限地增加课程数量,因此,面对课程不足和时间紧迫的问题,高等职业院校急需采取有效的策略。为应对跨学科工程教育建设中课程融合与课时不足的挑战,课程整合成为一种创新且有效的手段。这种整合并非简单地将原有课程内容堆砌在一起,而是精心地将跨学科的知识进行有机融合,从而创造出全新的课程形式。通过这种整合方式,我们能够在有限的课时内,为学生提供更为全面、深入且实用的跨学科知识,同时确保他们能够根据未来的职业发展方向,获得针对性的学习和训练。这不仅有助于提升学生的学习效率和兴趣,也为他们未来的职业发展奠定了坚实的基础。

这种整合不仅可以优化学科之间的关联性，而且更贴近实际工作场景，使学生能够更全面地理解和运用所学知识。高等职业院校在追求提高教学质量的同时，也需要在整合课程的过程中注重灵活性和适应性，以满足不同专业和学生群体的需求。通过这样的课程整合，可以更好地应对时间和课时限制，为学生提供更为全面、有深度的学科体验，使其更好地适应未来职业发展的要求。

秉持产业逻辑与课程融合的理念，高等职业院校致力于构建一套与产业发展紧密契合的课程体系。在人才培养方案的设计上，学校不仅注重知识的系统传授，更强调将产业逻辑深度融入课程内容的筛选与编排中，确保学生获得的知识与技能能够无缝对接行业发展的实际需求。产业逻辑，作为产业发展规律的体现，成为引领学校课程体系建设的核心指导思想。在城市轨道交通专业中，其综合性特点尤为突出。因此，在课程内容融合过程中，学校紧密追踪城市轨道交通产业的发展趋势，基于实际工作岗位和生产流程，精选技术与知识要点，着重培养学生的综合应用能力，使其能够在实际工作中迅速适应并发挥作用。在课程内容编排上，学校注重与典型工作任务及其工作过程的对接，确保每一门课程都有明确的目标和针对性。同时，通过深入剖析城市轨道交通产业的发展动态，学校构建了模块化的课程体系，如"城市交通系统运营与管理""城市轨道交通设备维护与检修""绿色交通规划与工程"等模块，以满足行业对多元化人才的需求。这一系列课程融合与创新的举措，旨在为学生提供一个与实际工作环境紧密相连的学习平台，使其在完成学业后能够迅速融入城市轨道交通领域的实际工作，并为行业的持续发展和创新贡献自己的力量。

同时，以专业群为核心，建构专业平台课程成为高职教育的新思路。高职专业群是一个基于某一特定技术领域或服务行业方向的集合体。它以某一核心优势专业（如城市轨道交通专业）作为基石，同时依据行业发展的背景和技术的相通性，将与之密切相关的其他专业有机地结合在一起。这种集合旨在通过专业的相互融合和互补，形成一个综合性的教育平台，以更好地满足行业对多元化、复合型技术人才的需求。在这一创新的模式中，我们以核心专业体系为基础，对所有相关的专业课程进行了精心的重新规划与设计。我们采用了一种综合性的教学框架，即跨学科融合课程，来呈现这些基础课程。这一做法的核心目的在于不仅能够拓展学生的专业基础，使其能够涵盖更广泛的知识领域，同时还能够有效避免不同专业之间课程内容的交叉重复。通过以专业群为单位重新构思和整合基础课程，可以更好地满足学生不同专业背景的需求，使其在学习过程中获取更为全面和有深度的知识体验。这一模式的另一个优势在于提高课程的整体收益。通过平台课程的形式，可以更加高效地组织和管理教学资源，使得相关专业学生可以共同受益于跨学科的知识传递。这不仅有助于形成更为紧密的专业群合作氛围，也能够促进学生之间的交流与合作，培养团队协作精神。总体而言，以专业群为单位构建专业平台课程是一种创新性、高效性的教育模式，有望为高等职业院校提供更为灵活、多元化的教学体验，促进学生在职业领域的全面发展。

2. 课程层级设置——满足学生不同层次的需求

在跨学科工程教育的背景下进行课程改革，不仅要致力于引入高层次的新技术知识，还应着重于融入信息化元素。课程改革的核心在于在快速更新的课程内涵和内容中，巧妙平衡基础知识与拓展知识之间的关系。在优化教育环境以满足多样化人才培养需求的道路上，我们积极推行因材施教的策略，以确保具备不同特点学生的学习需求得到有效满足。此策略的核心宗旨是针对性培养，兼顾所有学生的发展需要。针对所有学生，我们设定了涵盖本专业核心能力的必修课程，确保每位学子都能掌握基础而关键的知识与技能。同时，我们也不忘为那些学习能力超群、有志于进一步深造的学生提供能拓展专长的课程，以此鼓励他们发掘自身潜力，拓展专业领域知识。为更好地实现这一教育理念，高等职业院校正逐步摒弃传统的固定模式，转向一个更加多元化、多层次、高灵活性的课程体系，旨在全方位、多角度地满足学生的个性化学习需求，并有效提升整体教学效果。通过这样的因材施教，我们期望能够培养出既具备扎实基础，又富有创新精神和实践能力的多样化人才，为社会的持续进步与发展贡献力量。

这样的课程设计巧妙地为培养学生综合素养做准备，为实施精细化教学和定制化教学奠定了坚实的基础。以城市轨道交通专业为例，精心设计的课程体系彰显了其独特之处。首先，基础课程为学生提供了宽广而坚实的基础，使其能够全面了解和掌握该专业的基本知识。接着，核心课程深入剖析了专业领域的核心要素，确保学生能够精准把握并熟练运用关键的专业知识。而拓展课程则更进一步，不仅强化了学生对专业知识的理解和运用，还特别关注行业前沿的最新动态和技术发展，使学生的学习体验更加贴近实际需求。这样的课程设计充分考虑了不同学生的个体差异和学习需求，为他们提供了更为精细化、定制化的学习路径。

总体而言，针对高等职业院校的课程改革，我们可以通过两种主要途径来优化课程设置：一是引入新的课程，二是丰富现有的教学内容。但在这一过程中，我们必须深思熟虑地考量每个学生的特点。课程的构建和调整应灵活多变，旨在确保每位学子都能在专业知识与综合素养上得到全面而深入的提高。这样的改革策略不仅有利于提升教学质量，更能促进每个学生的个性化成长与全面发展。

3. 明确改革主体——强化教师队伍建设

在跨学科工程教育的全新架构下，人才培养模式的革新不仅提升了对学生期望的层次，也为教师们带来了前所未有的挑战。这一转变推动了高职教育的培养目标从传统的"多技能但专业性较浅"向"多技能且专业性深入"的转型，并鼓励学生从就业导向转变为追求全面发展。学生需要深化理论知识，提升实践操作的熟练度，并培养创新精神和终身学习的能力。教育者需要持续加强自身的专业知识储备和实践能力，以满足学科交叉教学的需求，并有效激发学生的创新思维。目前，尽管一些具备跨领域知识和教学经验的教师在一定程度上满足了改革的需求，但他们在独立承担跨学科工程教育课程改革任务时仍面临困难。此外，在改革实践中，教师往往需要兼任其他专业课程，因此，他们急需更多的支持和培训，以应对跨学科工程教育带来的教学挑战。

在应对繁重的教学与科研任务之余，高等职业院校的教师们毅然承担起人才培养模式改革的重任。然而，跨学科工程教育的改革之路并非坦途，教师队伍的素质和能力以及教师个人的时间和精力均构成显著制约。为此，学校采取了一系列措施，包括引进和培养具备跨学科素养的青年教师，并推动在职教师向多元化方向转型。然而，当前改革仍面临主体不明确和精力受限的困境，亟待解决以确保改革的顺利推进。

为了促进高等职业教育在跨学科工程教育背景下的人才培养革新,我们需要构建一个层次清晰、多方协同的改革体系。在宏观层面,我们需要对整个教育系统进行战略性规划,以确保人才培养模式的改革具有明确的目标和导向。这包括明确改革的核心价值、制定改革的总体规划,以及建立有效的监测和评估机制,以确保改革的顺利推进和有效实施。在组织架构层面,需要构建一个跨学科、跨部门的改革协作团队。这个团队由来自不同学科和部门的专家组成,共同研究并设计适合跨学科工程教育的人才培养模式。他们负责协调各方资源,确保改革措施在各个层面得到有效落实。在具体执行层面,需要激发全体教职员工的积极性和创造力。通过培训、研讨和交流等活动,提升教职员工对改革的理解和认同,鼓励他们积极参与到改革实践中来。同时,建立激励机制,对在改革中表现突出的个人和团队给予表彰和奖励,以激发更多的创新活力。总之,通过构建宏观规划、组织协作和具体执行三个层面的改革体系,我们可以更好地推动高等职业教育在跨学科工程教育背景下的人才培养革新。

4. 提升培养环境——确立有效的管理与保障机制

在教育改革的过程中,优质的师资力量和先进的实践教学环境成为确保教育方案能够得到有效实施的关键要素。在跨学科工程教育的时代背景下,高等职业院校逐渐意识到更新实习实训设备、改善实训室条件的重要性。为了紧密贴合跨学科交叉专业的需求,这些院校纷纷增设了创新型实训室。以城市轨道交通相关专业为例,学校特别打造了"轨道交通控制实训室"与"轨道交通通信实训室"等先进的校内实训设施。对于新设立的跨学科专业,学校通过整合实训资源和条件对现有实训室进行优化及改造,旨在更好地满足跨学科教育的现代化要求。这些调整包括但不限于新增相关专业实训设备,以及更新改造旧的实训室与实训环境。在提升整体培养条件的过程中,除了硬件设施的更新换代,还需要加强师资的培训,以确保跨学科实践教育能够有序进行,为培养具备跨学科综合素质的高技能人才奠定坚实基础。

(1) 改进学校的顶层规划

深入理解跨学科工程教育的意义。跨学科工程教育不仅仅是简单的课程叠加,更是对学生思维方式和知识结构的全面改造。它要求学生从多个学科的角度去分析问题,找到创新的解决方案。因此,在顶层规划中,我们要深入理解跨学科工程教育的意义,明确其对学生个人发展和社会进步的推动作用。

制定明确的跨学科工程教育目标。根据学校的特色和行业需求,制定明确的跨学科工程教育目标。这些目标应该包括培养学生的跨学科思维、创新能力、实践能力以及团队协作精神等。同时,还要确保这些目标与学校的整体发展战略相一致。

优化资源配置,强化支持。为实现跨学科工程教育的目标,学校需要优化资源配置,为其实施提供有力支持。首先,要加强实验室、实训中心等基础设施建设,确保学生有足够的实践空间。其次,要引进和培养具备跨学科知识和经验的教师,构建一支高素质的教师队伍。最后,要加强与企业、行业的合作,为学生提供更多的实践机会和就业渠道。

完善政策制度,确保实施。为确保跨学科工程教育的顺利进行,学校需要完善相关的政策制度。这些政策制度应该包括跨学科课程开发、教材编写、教学管理等方面的内容。同时,还要制定学生选课、学分认定、学位授予等方面的政策,确保学生能够顺利地完成跨学科工程教育的学习任务。

(2) 构建综合管理框架

建立跨学科工程教育管理机构。为加强对跨学科工程教育的管理和协调,学校应建立专门的跨学科工程教育管理机构。该机构应该由学校领导、各学院负责人以及相关领域的专家组成,负责制定跨学科工程教育的整体规划、政策制度以及实施方案等。同时,该机构还应该负责协调各学院、系部之间的合作与交流,确保跨学科工程教育的顺利实施。

强化实践教学环节的管理。实践教学是跨学科工程教育的重要组成部分。为确保实践教学的质量和效果,学校应加强对实践教学环节的管理。首先,要完善实践教学体系,明确实践教学的目标、内容、方法和评价标准。其次,要加强实践教学基地建设,与企业、行业合作共建实习实训平台。最后,要加强实践教学师资队伍建设,提高教师的实践教学能力。

加强校企合作,深化产教融合。校企合作是跨学科工程教育的重要途径。学校应积极与企业开展合作,共同制定人才培养方案、开发课程教材、建设实习基地等。同时,学校还应鼓励教师到企业挂职锻炼、参与企业研发项目等,以提高教师的实践能力和行业影响力。此外,学校还可以通过举办企业招聘会、开展校企合作项目等方式,为学生提供更多的实践机会和就业渠道。

(3) 具体举措

制定详细的跨学科工程教育实施方案。为了确保跨学科工程教育的有效实施,学校应制定一份详尽的实施方案。这份方案应当全面考虑人才培养的各个环节,包括人才培养目标、课程设置、教学计划以及实践环节等。要明确人才培养的目标。根据行业需求、学校特色和学生的个人发展需求,设定跨学科工程教育的具体目标,如培养学生的跨学科思维、创新能力、实践能力以及团队协作精神等。要精心设计跨学科课程。课程设置应体现跨学科的特点,涵盖多个学科领域的知识和技能。可以通过开设综合性课程、跨学科选修课程等方式,引导学生跨领域学习,拓宽知识面。要合理安排教学计划。根据学生的学习能力和兴趣,制定个性化的教学计划,确保学生能够按照自己的节奏和方式完成跨学科工程教育的学习任务。要重视实践环节。通过实验室实践、企业实习、项目研究等方式,为学生提供丰富的实践机会,帮助他们将理论知识与实际应用相结合,提高解决问题的能力。要明确各学院、系部在跨学科工程教育中的职责和任务。各学院、系部应积极参与跨学科工程教育的实施工作,协同合作,确保各项任务得到有效落实。

加强教师培训与交流。跨学科工程教育对教师提出了更高的要求。为了提高教师的跨学科教学能力和团队协作能力,学校应加强教师培训与交流工作。要组织教师参加跨学科教学研讨会、工作坊等活动。这些活动可以让教师了解最新的教学理念和方法,拓宽教学思路,提高教学效果。要邀请国内外知名专家来校举办讲座和开展交流。通过专家的指导,教师可以了解跨学科工程教育的最新发展趋势和前沿技术,提高教学水平。要鼓励教师参与跨学科科研项目和团队。通过参与科研项目和团队,教师可以提高科研能力和跨学科合作能力,为跨学科工程教育提供有力支持。此外,还可以建立教师交流平台,促进教师之间的交流和合作。教师可以分享教学经验、教学资源等,共同推动跨学科工程教育的发展。

建立跨学科工程教育评估机制。为确保跨学科工程教育的质量和效果,学校应建立相应的评估机制。这包括对学生的综合素质进行评价,对教师的教学效果进行评估,以及对课程设置和教学内容进行审查。一,要对学生的综合素质进行评价。通过考试、作业、项目实践等方式,全面了解学生在跨学科工程教育中的学习效果和成长情况。同时,要注重培养学生的实践能力和创新精神,鼓励学生参与各类竞赛和项目实践。二,要对教师的教学效果进行评估。通过听课、评课、学生反馈等方式,了解教师在跨学科工程教育中的教学方法和效果。对于教学效果好的教师,应给予表彰和奖励;对于教学效果不佳的教师,应提供指导和帮助。三,要对课程设置和教学内容进行审查。定期邀请专家对课程设置和教学内容进行评审,确保课程内容和教学方法符合跨学科工程教育的要求。对于不符合要求的课程,应及时进行调整和完善。要根据评估结果及时调整和完善跨学科工程教育的各项措施。通过不断的改进和完善,确保跨学科工程教育的质量和效果得到持续提升。

跨学科工程教育作为培养创新型人才的重要途径,需要学校从顶层规划、综合管理框架构建以及具体举措等方面进行深入研究和探索。通过改进学校的顶层规划、构建综合管理框架以及采取具体举措等措施,可以为跨学科工程教育提供有力的支持和保障。未来,随着科技的不断进步和产业的快速发展,跨学科工程教育将继续发挥重要作用。因此,学校应继续加强跨学科工程教育的建设和发展,为培养更多具有跨学科知识和技能的工程人才做出更大的贡献。同时,我们还需要关注跨学科工程教育的发展趋势和挑战,不断探索和创新,以适应社会的需求和变化。

第二章 "城市轨道交通客运组织"课程开展混合式教学的教学设计与应用研究

第一节 定义概念及理论基础

一、相关定义概念

(一) 混合式学习

在互联网时代,国家间的竞争是科技核心力量的竞争。产业升级、科技创新无不要求职业教育进行改革,以培养高素质、高技能人才。混合式学习随着时代的发展,其理念也不断更新,以适应信息化时代对教育现代化、信息化改革的需求,为学生打造个性化学习空间,提高学生的综合素质与能力。混合式学习理念是基于将移动网络技术、网络环境与课堂交流相结合,为学生塑造个性化学习体验的一种学习理念。将这种学习理念应用于职业教育领域的教育教学改革实践中,有助于推动教育改革的发展。

(二) 教学设计

由于研究出发点不同,不同学者对于教学设计有不同的观点和理念,以下是几位著名学者对教学设计的主要观点。加涅认为教学设计是一个系统化的过程,旨在通过一系列的教学活动来促进学习者的学习。他提出了九段教学设计模型,包括引起注意、告知学习目标、刺激回忆先决技能、呈现刺激材料、提供学习指导、引出行为表现、提供反馈、评估表现和增强记忆与迁移。肯普强调教学设计是一个系统分析、系统设计、系统评价的过程。他提出了一个教学设计模型,该模型包括确定教学目标、分析学习者特征、选择教学内容和方法、设计教学顺序、分析资源和约束条件、确定教学策略、设计教学信息呈现方式、设计教学交互和评价教学成果等步骤。史密斯和雷根认为教学设计是一个将学习理论和教学理论转化为具体教学计划和材料的过程。他们提出了一个包括分析、设计、开发、实施和评估五个阶段的教学设计模型,并强调教学设计应基于学习者的特征和学习需求,以及教学目标和教学内容。布鲁纳是认知学习理论的代表人物之一,他强调学习者应主动构建自己的知识体系。在教学设计上,布鲁纳认为教师应创造情境,激发学生的好奇心和探索欲,鼓励学生通过发现和解决问题来学习,并促进学习者之间的合作与交流。梅里尔提出了"首要教学原理",包括激活旧知、展示新知、尝试应用、融会贯通四个基本环节。他认为教学设计应关注学习者的先前知识和经验,通过设计有效的学习活动来促进知识的迁移和应用。马扎诺提出了一个以知识、技能和情感为核心的教学设计框架。他认为教学设计应关注学习者的认知过程、元认知过程以及自我系统,通过设计有针对性的教学活动来促进学习者的全面发展。

这些学者的观点为教学设计提供了不同的理论支撑和实践指导,教师可以根据自己的教学风格和学生的需求来选择合适的教学设计理念和方法。同时,这些观点也可以相互融合和补充,以提高教学设计的科学性和有效性。

二、理论基础

通过对混合式学习以及教学设计有关文献的研究与分析,以媒体传播理论、掌握学习理论、首要教学原理、施瓦布实践课程理论作为混合式学习下高职院校"城市轨道交通客运组织"课程教学设计的理论基础。

(一) 媒体传播理论

1. 媒体选择定律

美国传播学家施拉姆提出了媒体选择的一般原理,也称作最小代价率原理。这一原理包含三种要素,分别是媒体的选择概率、需要付出的代价及该种媒体在教学中产生的功效。当选择该种媒体需要付出的代价较大而产生功效较小时,则该媒体被选择概率就很小;相反,当选择该媒体付出的代价较小而产生功效较大时,该媒体被选择的概率就很高。按照施拉姆所提出的最小代价率原理,混合式学习的思想在于对教学中出现的问题,使用"恰当媒体"将教学信息在合适的时机展示,从而解决问题。混合式学习能够结合网络信息技术开展的线上学习与课堂开展的面对面教学活动优势,以减少教学成本,获得最优化的教学效果。因此,在高职院校城市轨道交通客运组织课程教学设计中,我们需要选择最合适的教学媒体传递教学信息以达到最优化的学习效果。

2. 媒体延伸原理

麦克卢汉是加拿大杰出的传播理论家,他在《人的延伸——媒介通论》一书中提出了一个关键观点:媒介被看作人体的延伸,其作用不仅在于延伸人体接收信息的时间,同时也能够扩展人体接收信息的空间。在这个意义上说明了人类的感觉中枢会受各种各样传播媒介的影响。麦克卢汉认为传播媒介具有冷热之分,冷媒介传播的信息较为模糊,需要受众进行更多的感官与思维活动才能理解,而热媒介传播的信息对受众的参与度具有较低的需求,不需要进行过多的感官与思维活动。这一理论为我们揭示了不同媒介在影响人类认知和行为方面的独特方式。这种洞察使我们深刻认识到,媒介使用的正确性至关重要,因为不同的媒介塑造了我们对于世界的不同理解和认知。

(二)掌握学习理论

在20世纪70年代,美国著名教育家布卢姆对掌握学习的内涵进行了充分的阐述,提出了"掌握学习"教学理论。布卢姆认为,人的潜能基本上是相等的,优异的学习成绩与学生智力之间并没有直接的关系。学生只要能够在积极的学习环境中进行学习,同时获得及时的帮助,就能获得学习上的成功。所谓掌握学习即指学生在学习活动中只要能够得到需要的学习支持,多数学生都可以将需要学习的课程内容完全掌握。其实质是指每个学生在集体教学活动过程中能够得到及时的反馈与有针对性的帮助。掌握学习理论认为学生能够良好地掌握学习内容的前提是要建立必要的认知结构,促进学生掌握学习内容的重要的内在因素是获得积极的情感支持,对学生的学习情况进行反馈并给予有针对性的矫正是使其获得学习上的成功的核心。因此,布卢姆主张在教学中,一方面教师要考虑如何给学生创造学习机会与提高自身教学质量,另一方面学生要通过教学活动提高自身学习持续力、对学习的理解力以及学习课程的能力。掌握学习理论给我们建立了一种全新、积极的学生观——"没有教不好的学生",也让我们意识到根据学生的学习特点进行合适的课程教学设计以及营造合适教学环境的重要性。此外,注重利用反馈—矫正为核心的评价系统有利于提高教学质量。混合式学习理念下教学活动设计既要充分考虑为学生提供及时的反馈以解决学生学习中遇到的问题,也要通过学生对教学活动过程的反馈不断修正完善教学模式。

(三)首要教学原理

首要教学原理,这一著名理论,是由美国教育家梅里尔在2002年提出的。梅里尔强调,为了确保学习活动的有效开展,必须满足五个核心要素:第一,学习内容需要围绕真实场景展开;第二,教学活动应能唤起学生已有的知识储备,为新学习的开始搭建基础;第三,要向学生全面而清晰地展示学习的内容;第四,提供机会让学生应用所学新技能;第五,还应协助学生将新掌握的技能融入他们的认知体系之中。梅里尔教授提出的首要教学原理强调只有学习者在遇到合适的学习任务并能够知道如何适当地学习时,有效的学习才会发生。梅里尔教授认为好的教学技术要致力于实现学生学习效果好、效率高且参与主动性强。综上所述,混合式学习理念正是在首要教学原理基础上发展而来的,我们可以认为混合式学习的学习理念即要通过利用最好的学习方式去达到学习效果的最优化。

(四)施瓦布实践课程理论

美国课程理论家施瓦布提出了实践课程理论,即主张具体的实践课程是课程研究的基础,实践课程的目标便是提高学生能力与培养学生德行。课程应聚焦于实践过程中的各种事实而并非普遍、科学的课程原理。施瓦布认为学生在实践过程中发现问题、分析问题进而解决问题是课程教学的价值所在;施瓦布认为在教学活动中,学生可以根据自身的意愿选择课程,向教师表达存在的疑虑,在学习课程的过程中结合自身生活经验掌握知识并促进技能的提升。施瓦布的实践课程理论强调尊重学生在学习活动中的主体地位,也突出了教师在教育情境中的指导性作用,同时也更加注重课程与学生实际发展水平和实际生活的需要相匹配。他的课程理论为我们在混合式学习下开展教学设计提供了支点。因此,在进行教学设计时,要对传统讲授式教学方式进行创新,为学生创设实践教学情境,从学生需要的实践技能出发,提高学生解决实际问题的能力。

第二节　高职院校"城市轨道交通客运组织"课程学习状况及混合式学习模式效果研究

一、高职院校"城市轨道交通客运组织"课程学生学习情况调查分析

为了全面了解和掌握高职学生在学习"城市轨道交通客运组织"课程中的学习情况,以便进行有针对性的教学改革和教学设计,本次调查将从以下几个方面展开:调查学生对"城市轨道交通客运组织"课程的学习兴趣程度,包括兴趣浓厚、一般兴趣、缺乏兴趣等选项,分析学生兴趣对课程学习效果的影响,探讨如何通过教学设计激发和提高学生的学习兴趣;调查学生对不同教学方法的偏好,如小组合作、情景模拟、案例分析等,分析各种教学方法的优缺点,探讨如何结合学生的需求和兴趣,选择或设计最适合的教学方法,以提升教学效果;调查学生的先修课程学习情况,如"城市轨道交通概论"等,以了解学生对城市轨道交通相关知识的掌握程度,分析学生的学习背景对"城市轨道交通客运组织"课程学习的影响,为教学设计提供背景支持;调查学生对教学活动中影响学习效果的因素的看法,如活动目标不明确、教学活动方式单一、教学内容难以理解等,分析这些因素对教学质量的影响,探讨如何在教学设计中避免或改善这些问题,提高学生的学习体验和学习效果;调查学生对不同学习评价方式的偏好,如技能操作、小组作业、线上学习参与度、课堂表现等,分析各种评价方式的优缺点,探讨如何结合课程特点和学生的学习需求,设计合理有效的学习评价方式,以促进学生全面发展;调查学生对"城市轨道交通客运组织"课程现行教学模式的满意度和改革期望,分析学生的改革期望,为在混合式学习理念下开展"城市轨道交通客运组织"课程的教学设计与应用研究提供心理需求和方向指导。通过上述六个方面的调查和分析,我们将全面了解学生的学习情况、需求和期望,为"城市轨道交通客运组织"课程的教学改革和教学设计提供有力支持。

(一)学习兴趣分析

学习兴趣是学生将理论知识内化、掌握实践技能的内在动力。高职学生思维比较活跃,学习兴趣的高低直接影响到"城市轨道交通客运组织"课程的教学效果,只有激发学生学习兴趣才能促进教学效果的优化与提高。调查显示,学生的学习兴趣处于一般程度的

占比较大,其次是比较有兴趣。在进行"城市轨道交通客运组织"课程的教学时,对学生的学习兴趣要进一步地激发与提高。基于以上分析,在进行混合式学习理念下的高职院校"城市轨道交通客运组织"教学设计时,要设计灵活多样的教学活动以增强教学趣味性,激发学生的学习兴趣。

(二)教学方法分析

教学方法是保证教师顺利开展教学活动,提高学生学习动力的关键。因此,选择合适的教学方法成为教学活动设计的关键环节。学生在"城市轨道交通客运组织"课程中,最喜欢的教学方式主要为小组合作、情景模拟、案例分析。因此,在进行混合式学习理念下的教学活动设计中,要将多种教学方法相结合,为学生塑造良好的学习体验。

(三)学习背景分析

学生是学习的主体,学生的学习背景是了解学生学习基础能力的关键,直接关系着教学效果。在调查中,学生表示学习过城市轨道交通相关课程,具备了一定的城市轨道交通客运组织基础理论知识,这与学生在第一学期学习过"城市轨道交通概论"等课程有关。因此,在教学活动设计环节,要考虑到学生已经具备的专业基础知识,合理组织与安排教学活动,为学生建构自身的知识体系及掌握实践技能奠定基础。

(四)教学影响因素分析

在教学设计中,教学活动设计往往被看作最关键的环节。教学活动是以班级为单位,为达到教学目标而开展的教学实践活动。在教学活动中,教师可为学生提供有效的教学指导,学生在师生、生生的交流互动过程中掌握知识与技能,形成对学习资源的内化并生成自己的知识与实践技能体系。在调查中,多数学生认为活动目标不明确、教学活动方式单一、教学内容难以理解是导致教学质量低下的主要因素。因此,在进行混合式学习理念下"城市轨道交通客运组织"课程的教学设计与应用时,教师要为学生明确学习目标,安排组织丰富有吸引力的教学活动,了解学生在学习过程中的疑难所在,并在课堂进行重点讲解。

(五)学习评价方式分析

学习评价不仅能够对学生学习起到导向、诊断、反馈、发展的作用,而且对于教师教学也可起到修正完善的作用。在"城市轨道交通客运组织"学习效果的评价方式中,学生较为喜爱的评价依据分别是技能操作、小组作业、线上学习参与度和课堂表现。注重实践技能操作与"城市轨道交通客运组织"强调实操技能的课程特点相吻合。同时,教学活动中师生、生生之间交流互动的课堂表现、小组作业成果也成了学生较为喜欢的评价因素。线上学习参与度作为新颖的学习评价也得到了较多学生的喜欢。因此,在混合式学习下对"城市轨道交通客运组织"课程的教学设计中要将实践技能操作、课堂表现、小组作业、线上学习参与度等多种学习因素相结合,采取灵活多样的学习评价方式。

（六）教学改革期望分析

教学改革期望直接反映了学生对"城市轨道交通客运组织"课程现行教学模式的满意程度。大多数学生具有对教学改革的期望，这为开展在混合式学习下"城市轨道交通客运组织"的教学设计与应用研究的可行性与必要性提供了积极的心理需求因素。

二、高职院校"城市轨道交通客运组织"课程混合式学习情况调查分析

为了深入了解学生在混合式学习理念下的学习状况，以及他们对于智能设备、智能教学助手等工具的接受程度和使用情况，本次调查将从以下几个方面展开：调查学生个人移动智能设备的拥有率，包括但不限于智能手机、平板电脑等，分析学生智能设备的使用频率和主要用途，评估其作为混合式学习物质基础支持的可行性；了解学生对于使用智能设备进行线上预习、复习等学习活动的态度和接受程度，分析学生对于智能设备学习功能的认知和使用习惯，为设计有效的混合式学习活动提供参考；调查学生对于混合式学习模式的了解和接受程度，包括对于线上线下结合学习的看法，分析学生对于混合式学习在"城市轨道交通客运组织"课程中应用的期望和态度，评估其心理支持条件；评估学生自主学习能力的现状，以及对于自主学习活动的兴趣程度，分析影响学生自主学习兴趣的因素，探讨提高自主学习兴趣的方法和策略；调查学生对于不同类型学习资源的偏好，如视频、PPT、测试题等，分析学习资源偏好对学生学习效果的影响，为设计多样化的学习资源提供依据；了解学生对于线上学习的具体需求，如讨论交流、寻找学习资源、教师指导等，分析线上学习需求与教学设计之间的关联，为设计符合学生需求的线上学习活动提供参考；调查学生对于智能教学助手的了解和使用情况，分析智能教学助手在学生中的普及程度和使用效果，为推广智能教学助手提供依据；评估学生对于智能教学助手的接受程度，包括对其功能和操作方式的满意度，分析影响学生接受智能教学助手的因素，为优化智能教学助手的设计和功能提供参考；了解学生对于智能教学助手的期望功能，如讨论答疑、搜集学习资料等，分析学生期望功能与实际教学需求的契合度，为设计符合学生期望的智能教学助手提供依据；调查学生对于线上自主学习时长的接受程度，了解他们认为最适宜的学习时长，分析不同学习时长对学生学习效果的影响，为设计合理的线上自主学习活动提供参考。

（一）学生智能设备拥有情况分析

混合式学习理念下教学活动顺利实施的前提即学生能够拥有移动智能设备作为物质基础支持。调查显示绝大多数学生都拥有移动智能设备，这为开展混合式学习下的教学设计奠定了良好的物质条件基础。

（二）学生对使用智能设备开展学习的接受度分析

学生对使用智能设备进行学习的接受程度是学生顺利进行线上自主预习、复习的关键。调查中大多数学生愿意利用智能设备进行学习，这为开展混合式学习理念下的教学设计提供了良好的外部环境。

(三) 学生对混合式学习的接受度分析

学生对混合式学习的接受度直接影响混合式学习理念下教学活动的实施效果,它反映了混合式学习下教学设计的可行性。调查中大多数学生愿意接受将混合式学习应用于"城市轨道交通客运组织"教学之中,这为进行混合式学习理念下教学设计的应用实施提供了心理支持条件,有利于混合式学习下的教学设计顺利开展实践。

(四) 学生自主学习兴趣分析

在混合式学习理念下开展的教学活动注重对学生自主学习能力的培养与提高。学生自主学习能力能够为理论知识的学习与实践技能的操作奠定良好的能力基础。调查显示自主学习兴趣一般的占据较大比例。因此,提高学生自主学习兴趣也是开展混合式学习理念下"城市轨道交通客运组织"教学设计研究与实践的重要目标。

(五) 学习资源偏好分析

在教学实施过程中,学习资源对学生掌握知识与提高实践操作技能具有指导作用,学习资源的类型与传递方式影响着学生的学习效果。当前,学生最为偏好的学习资源主要是视频、PPT,其次测试题也占有较大的比例。因此,在混合式学习理念下的教学设计可采取视频、PPT、测试题等多种形式来呈现学习资源,增强学习资源的吸引力,为学生塑造良好的学习体验。

(六) 线上学习需求分析

混合式学习下的教学设计应用是以智能设备的使用为支持条件进行的。了解学生线上学习偏好,可以对混合式学习理念下的教学活动设计起到有效的指导作用。调查中学生最需要的是讨论交流问题,其次对于寻找学习资源、得到教师有效指导也有较大的需求。因此,在进行教学设计时,线上学习部分要更多关注学生对讨论交流的需求,为学生提供更多的指导和可以利用的学习资源。此外,也应尽量考虑对学生进行有效学习监督,及时反馈学生学习效果。

(七) 智能教学助手接受程度分析

在混合式学习理念下开展的教学活动中,使用移动教学助手往往能够丰富教学活动形式,带给学生积极的学习体验。调查中绝大多数学生都愿意接受移动教学助手,这也为进行混合式学习理念下的教学设计提供了积极的心理支持条件。

(八) 智能教学助手的使用度分析

智能教学助手是混合式学习理念下的教学设计应用与实践必不可少的技术支持。智能教学助手的使用不仅展现出了教师教学模式的创新,而且对于思维活跃、对新颖教学方式感兴趣的高职学生而言,具有足够的吸引力,能够提高教学活动的参与积极性。调查中大多数学生都未使用过线上教学助手,由此反映出学生对于线上学习平台并不了解。在进行混合式学习下的教学设计中，需要选取较为简单易操作的线上学习平台，并向学生说明线上学习平台的使用方法，以更好地进行教学设计应用研究。

（九）智能教学助手的期望功能分析

学生对智能教学助手期望的功能是教师进行混合式学习理念下的教学活动设计时需要考虑的关键因素。调查显示学生在五种学习活动的偏好中尤其偏好讨论答疑、搜集学习资料的学习活动。因此，教师需要结合学生对线上学习活动的偏好选择功能较为强大的智能教学助手，满足学生进行讨论答疑、搜集学习资料、题目测试、自主预习等活动的需要。

（十）线上自主学习时长接受程度分析

对学生线上学习时长的接受度进行分析是混合式学习理念下线上教学活动设计与组织实施的必要前提。只有了解学生对线上学习时长的接受程度，才能有效利用学生注意力集中的最佳时间，促进教学活动的有效开展，达到教学目标。调查结果显示，学生对于线上学习时长的接受度主要集中于10～15分钟，其次是0～5分钟。因此，在进行线上自主学习活动设计时，宜将学生学习时长保持在10～15分钟内：既要避免时长过于简短，无法达到学习效果；也要避免过于冗长，减少学生学习动力。

三、调查结论

（一）实施混合式学习理念下的教学实践具有必要性

学生对于"城市轨道交通客运组织"课程的学习兴趣不高，并认为影响教学质量的因素主要表现为教学活动目标不明确、教学活动方式单一、教学内容难以理解等方面。这与调查中显示学生对当前教学模式具有较大的改革期望相吻合。由此，反映了进行混合式学习理念下高职"城市轨道交通客运组织"的教学设计与应用研究是十分必要的。

（二）实施混合式学习理念下的教学具备积极的支持条件

绝大多数学生都有自己的移动智能设备，且愿意使用智能设备进行线上学习，这为开展混合式学习理念下的教学设计与应用提供了良好的物质条件支持与心理条件支持。大多数学生的家长们都认可学生使用移动智能设备进行自主预习、复习，这为混合式学习理念下的教学设计与应用提供了稳定的外部环境支持。综上所述，在具备良好的物质基础、积极的心理状态、稳定的外部环境支持下，混合式学习理念下的教学设计具备了可行性与可操作性。

（三）实施混合式学习理念下的教学须遵循学生线上学习特点及学习需求

高职学生年龄大多处于16～20岁之间，注意力不容易集中，自主学习兴趣不高，线上学习时长较短，但其思维较为活跃，喜欢新事物。因此，在教学实践活动中教师要能够给予学生及时有效的指导、监督，并创造更多机会与同学、教师开展交流协作。混合式学习理念下的教学设计要综合考虑学生线上学习特点及学习需求,增强教学针对性,提升教学活动质量。在学生学习情况的调查结果中,学生最喜欢的教学方式主要为小组合作、情景模拟、案例分析;较为喜爱的评价依据分别是技能操作、小组作业、线上学习参与度。基于此,为提高教学质量、改变教学现状,学生学习情况的调查与混合式学习情况的调查对本次教学设计起到了积极的指导作用。

第三节 混合式学习理念下"城市轨道交通客运组织"课程的教学设计与实践应用

一、教学设计原则

(一)应用性原则

教学设计的目的是培养具有较强的专业技能、能够胜任工作岗位的学生。应用性原则即指教学设计要能够使学生在参与教学的过程中将自己所学到的知识与技能灵活地应用于实际问题,并能快速适应工作状态,形成一定的岗位转换能力。要形成这种能力,教学设计必须具有现实色彩,关注现实生产为现实生活服务。因此,教学设计应该与社会生活实际相联系。高职专业课程的教学设计应更多地选取在社会生产生活中易于出现的案例,这些案例是学生能够理解或是能够通过努力掌握的。进行混合式学习理念下"城市轨道交通客运组织"课程的教学设计,要选择基于城轨客运岗位的真实工作流程来编制学习资源,组织安排教学活动。通过自主学习与小组协作活动,使学生们立足于真实情境中进行分析与研究,提高解决问题的能力,这样不仅能够紧密贴合学生的专业背景,又能提高城轨客运岗位中需要的实践技能水平。

(二)过程性原则

过程性原则是指在教学设计的过程中,教学活动既要强调帮助学生进行理论知识的建构与实践技能的提高,又要促进学生发现自身学习特点,掌握学习与自我提升的方法;既要关注智力因素的发展,又要注重非智力因素的培养;将过程性考核与终结性考核统一于教学评价设计之中。在教学设计中,学生在教学过程中学会的学习方法比最终产生的学习成果更为重要,只有真正了解自身学习能力并能制定自己的学习计划,主动解决学习疑惑所在,才能真正内化理论知识并提高专业技能。现如今,城轨企业需要的人才不仅要具备专业知识与技能,职业素养也成为企业聘请员工的标准。因此,要将学生认真负责、爱岗敬业等职业素养的培养贯穿于教学活动设计之中。

(三)适度性原则

适度性是指在混合式学习理念下的教学设计需要利用互联网技术来呈现抽象的教学

内容,使其内容具体、生动,但并不能完全摒弃面对面教授学习内容。如在学生进行自主预习、课中交流讨论、课后提交练习作业等情况下,需要在课堂教学活动设计中合理使用互联网技术,以达到最优的教学效果;而在系统化知识讲授与技能操作时,需要教师以面对面的形式讲授学习内容,解决学生存在的疑难问题。在课堂教学中应用信息技术可为学生提供多种类型的学习资源,且学习资源以直观、形象的方式传递给学生,有利于提高学生学习积极性,但也应注意学习资源的适度性,避免学生在短时间内消化过量的信息资源。与此同时,在课堂教学展示教学内容时,要合理使用互联网信息技术,将教学重点聚焦于促进学生的发展,避免盲目地使用信息技术而影响教学效果。综上所述,在教学设计中要以学生的学习特点为基础,保证利用互联网技术进行教学的平衡与适度。

二、高职院校"城市轨道交通客运组织"教学设计模式的构建及应用

通过广泛阅读文献,吸纳国内外学者设计的混合式教学模式的经验,我们建立了一种适应混合式学习理念的教学设计模式,主要分为三个关键方面:前期分析、教学过程设计和教学评价设计。设计模型如下:

(一)前期分析

前期分析主要包括四个部分:一是对学习者的特征进行分析,具体包括学习者的一般特征、学习偏好和已有知识水平三个方面;二是学习内容分析,分析课程内容的组织结构,包括章节划分、知识点之间的逻辑关系;三是进行教学目标设计,即期望学生在教学活动实施后其知识水平、专业技能、综合素质等方面能够达到的标准及要求;四是对教学环境进行分析,教学环境包括基于移动网络平台的在线学习环境与学生面对面交流协作的线下教学环境。进行前期分析的目的一方面是为开展混合式学习理念下的教学设计提供可行性依据,另一方面是为教学过程设计、教学评价设计提供指导方向和环境支持。

1. 学习者特征分析

学生在教学活动中始终处于主体地位,无论是个体还是群体之间,其发展都具有差异性与多样性。职业学校的学生的个性发展与本科学生相比存在着较大的差异。为了提高教学的针对性,取长补短,学习者特征成为教学设计的首要考虑因素。学习者的特征包括一般特征、初始能力以及学习风格。这涵盖了影响学习者进行学习活动的心理、生理和社会方面的特点。学习者初始能力,是指对于某一门具体课程而言,学生原有的与这门课程相关的知识与能力水平,也包括学生对此课程产生的认识与态度。学习风格通常是相对稳定的,指的是学习者持续展现并具备个性化特点的学习方式和倾向。对学习者的一般特征、初始能力及学习风格进行分析能够了解学生对新知识与技能的接受水平,也有利于对教学过程的各个环节进行合理的选择与设计。

(1)学习者的一般特征

学生年龄一般在17~20岁之间,此阶段是身心发展最为迅速而关键的时期。从心理发展特征来看,学生们普遍有较强的自我意识与自尊心。职业院校学生不仅具有思维活跃、实践动手能力强、吃苦耐劳的优点,也具有学习习惯较差、理论基础薄弱、自信心不足

的缺点。

(2) 学习者的初始能力

实践教学的城轨运管专业学生，在学习"城市轨道交通客运组织"课程之前，已经学习过"城市轨道交通概论""机械基础"等专业基础课程，因而对于城市轨道客运组织相关知识具有了一定的了解，为学习"城市轨道交通客运组织"课程知识与技能奠定了良好的基础。

(3) 学习者的学习风格

学习风格与学习者具体的学习行为息息相关，因而被很多学者称之为感知学习风格，其主要包括六种：分别是视觉型、听觉型、触觉型、活动型、群体型和独立型。高职二年级学生的学习风格倾向于触觉型、活动型与群体型，独立学习能力较低。根据其学习风格特点，应在理论学习中增强触觉活动，在实践活动设计时注重开展小组合作、讨论答疑等群体性活动。

2. 学习内容分析

针对高职"城市轨道交通客运组织"课程在混合式学习理念下进行的教学设计与应用。"城市轨道交通客运组织"是高职城市轨道交通运营与管理专业的一门专业必修课程，在高职城轨人才培养方案中起着承上启下的作用。一方面能够为前期学习的"城市轨道交通概论""机械基础"等课程理论知识加深理解和巩固，并能够为后续开展顶岗实习和专业实践奠定理论知识与实践技能基础。"城市轨道交通客运组织"是为使学生掌握客运岗位相关的专业知识与技能，提高学生岗位技能及动手能力的专业课程。其课程主要为培养城轨客运岗位一线人员展开，内容需要紧紧围绕工作任务进行选择与组织。

3. 教学目标分析

学校的核心教育宗旨是培养能够直接满足社会企业需求的高素质一线工作人员，他们不仅具备扎实的专业知识，还具备出色的管理和服务能力。为了实现这一目标，我们特别强调对教学目标的分析，因为它是指导我们教学活动方向的重要工具，同时也是评估教学活动效果的关键依据。在"城市轨道交通客运组织"这门课程的设计上，我们紧密围绕城市轨道交通行业的岗位需求能力展开。特别是，我们结合高职学校的城市轨道交通专业课程特点，采用了混合式学习理念，以确保教学效果的最优化。在确定教学目标时，我们充分考虑了岗位所需的专业技能和职业素质，确保学生毕业后能够迅速适应工作岗位。

"城市轨道交通客运组织"课程主要面向轨道交通企业中的车站值班站长、车站值班员、车站站务员等关键岗位。为了使学生能够胜任这些岗位，我们设定了明确的教学总体目标，并基于不同的岗位需求，划分了相应的项目模块教学目标。这些教学目标旨在确保学生掌握城市轨道交通客运组织的核心理论知识，具备编制列车运行计划、进行车站客运岗位操作等关键技能。同时，我们也注重培养学生的职业素养和团队协作能力，帮助他们成为全面发展的高素质人才。通过对客运组织相关岗位工作内容的深入分析，我们为每个项目模块设定了具体的教学目标，以确保教学内容与岗位需求的高度契合。

4. 教学环境分析

教学环境不仅包括以网络教学助手为支持的线上学习环境，也包括面对面讨论交流的线下学习环境。线上学习环境是借助互联网信息技术，以智能教学助手为载体，学生们能够进行自主学习和讨论交流的学习环境。该教学助手应具备灵活性、功能性、系统性的特点。灵活性是指在线学习平台能够突破时间与空间的限制，方便学生与教师的使用。

功能性是指助手能够平稳地运行,既能方便教师对学生学习问题的了解,并在课堂教学中进行重点讲解,又能满足学生在线学习并进行学习反馈的需求。系统性是指在线教学助手能够开展系统的学习活动,能够全面地进行观看视频、在线答疑、在线讨论、在线作业等活动。如 QQ 群、微信群、线上教学平台、学习通等都可作为在线学习平台。教师通过线上教学平台可进行考勤签到、提供学习资源、发布学习任务、组织学习活动、进行学习评价等;学生可以通过线上教学平台浏览相关学习资源并完成课前自主预习,参与课中学习活动和进行课后复习等。线上教学平台使用起来简单快捷,教师可直接在电脑网页或在手机 App 上注册账号,通过完善相应课程名称、班级名称等信息并进行提交后,班课邀请码即可自动生成;学生在手机上下载线上教学平台 App,进行注册并完善个人信息,输入班课邀请码,即可成功开展各项教学活动。

线下学习环境主要是指师生、生生之间形成的学习共同体进行面对面交流与协作的学习空间,包括多媒体教室与实训场地。根据彼得·圣吉的学习型组织理论,要在组织中形成一种鼓励个人与团队合作的气氛,通过团队的互动交流,从而达成共同的愿景。学习共同体的生成是促进学习型组织发展的重要载体,学习共同体是学习主体、学习资源、教学方式与教学环境的统一体,不仅仅单指整个课堂,也包括课内外根据学习任务分成的小组群体。学习共同体的组建能够促进混合式学习理念下教学活动的顺利开展,一方面通过网络在线学习平台开展问题讨论研究,另一方面通过实训课堂进行小组模拟实践,更好地促进学生专业技能及职业素质的养成。

(二) 教学过程设计

教学过程设计主要包括三个环节,即教学策略选择、教学活动设计和教学资源设计。教学设计的核心所在即教学过程设计,该环节是凸显混合式学习理念下教学优势的关键。教学策略是指为了达到教学目标,在一定学习理念指导下采取的方法和手段。具体包括有针对性地选择教学活动与资源、教学组织形式、教学技术及媒体等。教学策略的选择能够为教学活动与学习资源的设计奠定基础;教学活动由前后衔接、相互贯通的教学环节组成,通常以班级为单位开展教学活动。在教学活动中,学生对知识与技能的掌握程度是教学效果的直接体现。教学资源是指为满足学生学习而提供的多方面学习资源,包括线下、线上两种。实施教学策略必须以教学资源的展示为基础,同时,教学资源也是教学活动顺利开展的保障。

1. 教学策略选择

本章研究内容为混合式学习理念下高职"城市轨道交通客运组织"的教学设计与应用,因此,教学策略的选择要以混合式学习理念与"城市轨道交通客运组织"课程性质为基础进行选择与设计。混合式学习理念主要以掌握学习原理、媒体传播理论及首要教学原理为基础,而"城市轨道交通客运组织"课程注重培养学生在客运岗位对相关设备的操作技能。为了强化教学设计的应用性,课程的整体设计和组织应能够吸引学生积极参与,满足学生在学习过程中进行亲身实践、交流协作的需要。因此,采取的教学策略包括:先行组织者策略、协作学习策略、自主学习策略。

(1) 先行组织者策略

先行组织者这一概念最早是由教育心理学家奥苏贝尔提出的。它主要是针对当前需要学习的新内容,当学生原有的认知结构不足以同化(即理解和融入)这些新内容时,所设计的一种引导性材料。这些引导性材料在概括性、抽象性和包容性水平上都应高于即将学习的正式材料。先行组织者策略是以奥苏贝尔的有意义学习理论为基础所提出的。该理论认为,当新旧知识之间发生联系并相互作用时,有意义学习便产生了。应用先行组织者策略时,教师会在教学平台上上传相应的学习资源,这些资源被用来引导学生对新知识的探索和学习,为学生进一步理解和掌握知识与技能奠定基础,并促进这些知识与技能的内化。

(2) 协作学习策略

协作学习是指学习者们为达到共同的学习目标,以小组学习形式参与,进行合作互助、讨论交流以实现个人与小组最大化学习效果的一系列行为。协作学习策略包括多种实现形式,如讨论策略,即根据某个学习主题进行有针对性的讨论与交流;角色扮演策略,即学生针对与学习内容紧密相关的情境,在学习活动中扮演相关角色,以达到在掌握相应理论知识与实践技能的效果;协同策略,即根据一定的学习任务,学习者们在学习过程中相互合作、相互讨论、相互帮助以达成共同目标的策略。采用协作学习一方面有助于学生通过小组协作掌握理论知识与技能,另一方面有助于教师借助线上教学平台教学助手并结合课堂进行知识与技能的教授与指导。

(3) 自主学习策略

自主学习是学习者为取得良好的学习效果,在学习过程中不断进行计划、组织、监控、评价、反馈、控制与调节的一系列行为。自主学习策略不仅体现在课前自主预习活动之中,也体现在课后学生进行自主复习与练习活动之中。具体体现为学生在课前可登录线上教学平台查看学习资源并完成相应的练习,搜集相应学习资料解决疑惑;课后可通过自我练习,在线上教学平台作业区提交练习视频,获得学习成果反馈。自主学习策略不仅能够为学生创造良好的自主学习环境,培养学生良好的自主学习习惯,也有利于转变课堂注重教师讲授、轻视学生实践操作的现状。

2. 教学活动设计

教学活动是教学设计的关键环节,有必要对混合式学习理念下开展的教学活动总体流程进行完整的阐述,并将教师与学生在教学活动各个环节需要承担的教与学的任务按照教学活动开展的时间顺序进行明确。基于线上教学平台教学助手提供的学习活动支持,在教学活动中具体对课前、课中、课后三个阶段来进行设计。

课前阶段。教师任务:教师根据教学目标和课程内容,准备线上教学资源,如PPT、视频教程、微课、案例研究等,并上传至线上教学平台;设计预习任务,明确学生需要预习的内容、目标和要求,并发布到平台上;在平台上设置讨论区,引导学生提前进行话题讨论,激发学习兴趣;通过平台收集学生的预习反馈,了解学生的学习难点和兴趣点,为课中教学做好准备。学生任务:学生登录平台,观看教师上传的教学资源,完成预习任务;将预习过程中遇到的问题和困惑记录下来,准备在课中提问或讨论;积极参与教师设置的讨论话题,发表自己的观点和看法。

课中阶段。教师任务:针对预习中收集到的问题和难点,进行重点讲解和补充;利用线上平台的互动功能,如在线提问、实时讨论、投票等,引导学生进行深度学习和思考;设计小组合作任务,促进学生之间的协作与交流;根据学生的课堂表现,给予及时的反馈和评价,鼓励学生积极参与。学生任务:积极参与课堂讨论,认真听讲,做好笔记;针对不懂的问题和感兴趣的话题,积极提问和参与讨论;与小组成员共同完成合作任务,分享自己的见解和想法;课后反思自己在课堂上的表现,总结学习成果和收获。

课后阶段。教师任务:根据课程内容和学生的学习情况,布置课后作业和练习,巩固学习成果;及时批改学生的作业,并给予具体的反馈和建议,帮助学生改进;通过作业、测试等方式,评估学生的学习成果,为下一阶段的教学提供参考;反思本节课的教学效果和存在的问题,为今后的教学改进提供依据。学生任务:根据教师的要求,认真完成课后作业和练习;根据教师的反馈和建议,及时订正作业中的错误和不足;通过复习和练习,巩固本节课的学习成果;反思本节课的学习过程和效果,总结学习经验和教训。

3. 教学资源设计

教学资源是指为教师达到教学目标,促进教学活动有效开展而提供的教学素材,一般包括教学课件、教案、视频、图片等。在混合式学习理念下,学习资源的呈现形式影响着学生自主预习效果。"最近发展区"是苏联心理学家维果茨基提出的著名理论。在此理论基础上,教学资源的设计要能够使学生在现有水平上得到适当的提高。因此,教学资源的设计要具有实践性、适宜性、系统性、建构性。实践性:强调教学资源不仅仅是理论知识的简单呈现,而应具有实际应用的价值。为了增强实践性,教学资源的类型需要多样化。除了传统的文本和图片,还可以包括模拟软件、实验器材、实地考察等。这些资源能够为学生提供实际操作的机会,让他们通过亲身体验来加深对知识的理解。通过提供案例分析、模拟操作、实践活动等形式,学生能够将所学知识运用到实际情境中,从而培养解决实际问题的能力。适宜性:是指教学资源的设计应与学生的认知水平、学习风格以及学习目标相匹配。为了满足不同学生的需求,教学资源的类型也需要多样化。这包括针对不同年龄、不同学科、不同学习层次的学生设计的各类教学资源,如绘本、动画、互动游戏、在线课程等。这些资源可以根据学生的个体差异进行差异化设计,确保每个学生都能找到适合自己的学习资源,从而得到适当的提高。系统性:要求教学资源在内容和结构上应具有完整性和连贯性。为了实现这一点,教学资源的类型也需要多样化。除了传统的课本和教案,还可以包括学习指南、知识图谱、在线课程库等。这些资源能够帮助学生形成完整的知识体系,理解知识的内在逻辑和联系。同时,系统性也体现在教学资源之间的衔接和过渡上,需要确保各种资源之间的内容相互补充、相互支撑,形成一个有机的整体。建构性:强调学生在学习过程中的主动性和建构性。为了促进学生的主动学习和知识建构,教学资源的类型需要多样化。除了传统的讲授式资源,还可以包括探究式学习资源、项目式学习资源、协作式学习资源等。这些资源能够激发学生的思维活动,引导他们主动思考、探索和发现知识。同时,建构性也体现在教学资源的开放性和互动性上,需要鼓励学生参与到教学资源的创作和使用中来,共同完善和优化教学资源的质量。例如,学生可以参与制作视频教程、在线测试等互动性强的教学资源,从而提高他们的学习参与度和学习效果。

(1)线下学习资源

线下学习资源主要是指学生学习的纸质书籍材料,本课程采用的是中国铁道出版社出版,由刘乙橙主编的《城市轨道交通客运组织》一书。该教材包括实训指导手册,能够满足掌握客运岗位专业知识的要求,以及工作岗位技能的养成。

(2) 线上学习资源

混合式学习是借助移动网络技术为学生塑造个性化学习体验的一种学习理念。线上学习资源既包括借助线上教学平台教学助手为学生提供的自主查找学习资源,也包括面对面课堂学习中教师借助的多媒体设备展示的 PPT、视频、文本等资源。借助线上教学平台教学助手进行自主查找学习资源需要学生在课前完成且多借助手机进行查阅。基于学生的线上学习特点,学习资源的编制要符合适度性原则。因此教师编制学习资源时要注意学习资源页面排版应简洁,内容应简短而精练,并注重呈现形式的丰富多样化,尽量采取视频、图片等给人以感官刺激的学习资源。在面对面课堂中进行展示的多媒体学习资源应与学生线上自主学习资源相互配合,根据学生自主学习情况对疑难学习内容运用视频、图片等具有感官刺激的资源来进行重点讲解,使学习内容更加直观,便于理解。

(三) 教学评价设计

教学评价旨在检验教学效果是否能够达到要求,是在科学的标准下对教学结果及过程运用一定技术方法做出的价值判断。教学评价内容包括两部分,分别是对学生学习效果的评价和对教师教学活动过程的评价。

1. 学习效果评价

教学活动贯穿于课前、课中、课后三个阶段之中,教学前期调查显示,学生们较为喜欢实践技能操作、课堂表现、小组作业等考核方式。为了避免单一、死板的传统评价方式,学习效果的评价设计要遵循教学设计的过程性。因此,学生的学习效果评价要以过程性评价为主并结合总结性评价以保证评价结果的客观有效。

(1) 过程性评价设计

以线上教学平台为教学助手,不仅能够对学生在各个教学活动中的表现进行评价,而且强调评价主体的多元化,可实现教师评价、小组互评和自主评价,激发学生学习的积极性。结合"城市轨道交通客运组织"教学目标以及与城轨专业教师的交流探讨,过程性评价成绩占据最终成绩的 60%,以学生学习所获经验值为基础。学生在线上教学平台中进行的每项学习活动都具有相应的经验值奖励,如学生在课前的自主学习,通过观看学习资源、参与答疑讨论等活动可获得相应经验值奖励;学生在课中参与"投票/问卷""头脑风暴""线上选人""小组作业",并对同学回答及课堂表现进行评价点赞,也可以获取经验值奖励;学生在课后可将小组作业成果或自主练习成果上传至作业区,由教师评价、组间同学互评或小组同学评价获取相应经验值奖励。以教学活动所获经验值总值为基点,根据每个学生线上学习所获经验值在经验值总值中的占比,可得到学生的在线学习成绩。

(2) 总结性评价设计

总结性评价主要是指在课程结束后的期末考试成绩,其占最终成绩的比值为 40%,主要采取纸质试卷对学生理论知识与实践技能的掌握程度进行考核。纸质试卷总分 100 分,主要为课程重点以及班课活动内容,目的在于考查学生专业知识与技能的掌握情况。学生试卷测验成绩乘以总成绩占比即可计算出每个学生的期末考试成绩。将学生在线上教学平台中计算出的在线学习成绩加上学生的期末考试成绩便是学生的总体学习成绩。

2. 教学活动过程评价

教师的教学活动过程评价主要是对学生与教师分别进行评价。调查学生对混合式学习下"城市轨道交通客运组织"课程的教学方法、课堂活动组织形式、教学评价方式、学习成绩提升等方面的满意度，了解教师对混合式学习在教学中的应用效果、存在的问题和看法。

三、教学案例设计与应用分析

根据前文所设计的混合式学习理念下"城市轨道交通客运组织"的课程教学设计模式，进行课程标准的设计。

（一）课程基本信息（表1）

表1 课程基本信息表

课程性质	专业核心课	课程属性	必修
课程学分	4.0	课程学时	总学时68，其中课内实践34学时
开设学期	4	考核方式	形成性考核
关联证书	1+X站务员证书	前后续课程	城市轨道交通客运服务
适用专业	城市轨道交通运营管理		

（二）课程设计思路

1. 课程功能定位（表2）

"城市轨道交通客运组织"课程在学生的学习中占据举足轻重的地位。它通过深入的理论学习和丰富的实践操作，全面塑造学生的职业素养。在这个过程中，学生不仅能够培养起强烈的安全意识，确保在复杂多变的运营环境中始终保障乘客安全；同时，他们还将学习如何提供优质的服务，以满足乘客多样化的需求，并培养出色的团队协作能力，以便在团队中高效协作，共同应对各种挑战。此课程的核心目标之一是提升学生的专业技能。学生将系统学习车站客流组织的原则和方法，掌握售检票系统的操作流程，并锻炼紧急情况下的应对和处理能力。这些技能将使学生能够胜任城市轨道交通客运组织中的各项工作，为他们的职业生涯打下坚实的基础。不仅如此，本课程还强调学生综合素质的培养。通过案例分析、小组讨论和实践活动等多种形式，学生将锻炼独立思考能力，学习如何独立分析和解决问题；同时，他们的创新能力和适应能力也将得到显著提升，使他们能够更好地适应不断变化的工作环境。最后，本课程紧密结合城市轨道交通行业的实际发展需求，致力于培养具备专业素养和职业技能的优秀人才。通过本课程的学习，学生将不仅成为称职的从业者，而且将为城市轨道交通行业的健康发展贡献自己的力量，共同推动这一行业的持续进步。

表 2　课程功能定位分析表

对接工作岗位	对接培养职业岗位能力
车站站务员	1. 能够掌握客运作业的基本职业要求和作业内容 2. 行车突发事件应急处理相关知识
车站值班员	1. 掌握城市轨道交通客流预测和分析的方法 2. 城市轨道交通车辆运用与乘务管理相关知识

2. 设计思路

"城市轨道交通客运组织"课程作为城市轨道交通运营管理专业的专业核心课,是学生在学习了一系列专业基础课后的延伸课程,为在有限学时内取得高质量学习成效,本课程拟采用理实一体化的教学模式,以现有专业实训条件为支撑,针对城市轨道交通客运组织的每一个系统,采用"案例""翻转课堂""智慧课堂""讲练结合"等教学方法组织教学,以期化难为易,充分调动学生自主学习的积极性,提升学生的动手能力、团队合作能力以及专业技能操作等方面的能力。

课程总计 68 学时、4 学分,其中 34 学时用于理论教学,34 个学时用于学生实际体验客运组织相关设备,配以轨道实训中心全天候开放。

(三) 课程培养目标(表3)

1. 总目标

通过"城市轨道交通客运组织"课程的学习,以现场岗位作业过程为导向,围绕城市轨道交通客运组织领域职业岗位的作业标准和作业流程,针对职业岗位能力的要求分模块整合教学内容,实现课程的培养目标与岗位的职业标准"无缝衔接"。

2. 具体目标

学生在学业结束时,具有勤奋学习的态度,严谨求实、创新的工作作风;具有良好的心理素质和职业道德素质;具有高度责任心和良好的团队合作精神;具有一定的科学思维方式和空间思维想象的能力;严格遵守国家标准的意识,及运用和贯彻国家标准的初步能力;观察事物、发现问题、分析问题、解决问题的能力。

表 3　课程教学目标

毕业要求指标点	素质目标	知识目标	技能目标
1. 能够进行客流调查与预测及分布客流在时间和空间上的特征; 2. 能够掌握客运作业的基本职业要求和作业内容; 3. 掌握应急预案的基本内容和体系构建; 4. 轨道交通旅客运输、车站工作组织	1. 具备较高的思想道德修养和文化素质修养; 2. 具备较强的心理素质,能勇于克服困难; 3. 具备较强的身体素质,能适应各种工作条件需要; 4. 具备较强的业务素质,并能不断进行自我提高和可持续发展; 5. 具备良好的团队协作能力和人际交往能力; 6. 具备一定的自学能力和创新能力; 7. 具备发现问题、解决问题的能力	1. 能够正确认识课程的性质、项目内容以及子任务; 2. 全面了解课程的体系、结构,对城市轨道交通客运组织有一个总体的认识	1. 熟练掌握客运组织的基本业务及设施设备的运用; 2. 具备站务员岗位服务能力

（四）课程内容与要求(表4)

表4 课程结构与课程内容

序号	项目(任务或模块等)	知识内容与要求	技能内容与要求	教学活动设计	学时安排 理论学时	学时安排 实践学时	考核方式	考核比例
1	模块一 城市轨道交通车站	掌握城市轨道交通车站的作用与分类	能够描述对城市轨道交通车站的布局和组成	以视频资料介绍城市轨道交通客运组织的工作	4	0	口试	5%
2	模块二 城市轨道交通车站设施设备	掌握城市轨道交通车站的乘客导向系统及客运技术设备	能够熟练使用城市轨道交通车站的乘客导向系统及客运技术设备	通过实训室沙盘使学生直观地了解车站的设计及组成	4	0	口试	5%
3	模块三 城市轨道交通车站日常运营	掌握车站的岗位划分、岗位工作职责和一般作业流程	能够掌握车站开启和关闭程序及车站一般巡查的程序	1. 以某一地铁公司为例，分析值班站长的工作内容 2. 以小组为单位模拟乘客纠纷处理场景	4	0	口试	5%
4	模块四 城市轨道交通车站客流组织	掌握城市轨道交通换乘方式、掌握大客流的特点与组织方法	能够掌握城市轨道交通换乘方案设计及选择的影响因素，能够分析节假日、大型活动的大客流组织	在实训室进行理实一体的教学，使学生在模拟环境中对理论知识理解更透彻	4	0	口试	5%
5	模块五 城市轨道交通客流调查与预测	客流的基本概念及影响因素	掌握客流调查与预测的方法及分析客流在时间和空间上的分布特征	以某一区域作为预测分析对象，进行案例式教学	4	0	口试	5%
6	模块六 城市轨道交通车站客流组织方案编制	客流组织方案编制的方法	掌握客流组织方案编制的方法和影响因素	分析车站客流组织方案优缺点	4	0	口试	5%
7	模块七 城市轨道交通运营应急处理	掌握客运安全的相关知识	掌握客运服务设备故障应急处理流程	以小组为单位模拟情境并处理紧急情况	10	34	实际操作	70%

（五）核心技能及课内实践项目（表5）

表5 核心技能课内实践安排表

核心技能清单	实践项目	实践方式	计划实践时间	实践课程	备注
1. 掌握城市轨道交通车站的作用与分类 2. 掌握城市轨道交通车站的乘客导向系统及客运技术设备 3. 掌握车站的岗位划分、岗位工作职责和一般作业流程 4. 掌握客流的基本概念及影响因素 5. 掌握城市轨道交通换乘方式 6. 掌握大客流的特点与组织方法 7. 掌握客运安全的相关知识 8. 掌握应急预案的基本内容	项目1：列车已启动时屏蔽门故障处理	理实一体化	第8周	4课时	
	项目2：列车未启动时屏蔽门故障处理	理实一体化	第9周	4课时	
	项目3：自动扶梯与垂直电梯故障处	理实一体化	第10周	3课时	
	项目4：自动售票机故障处理	理实一体化	第11周	3课时	
	项目5：车站清客处理	理实一体化	第12周	3课时	
	项目6：车站大面积停电处理	理实一体化	第13周	3课时	
	项目7：进站与出站闸机故障处理	理实一体化	第14周	3课时	
	项目8：车站突发大客流处理	理实一体化	第15周	3课时	
	项目9：站台公共区域火灾处理	理实一体化	第16周	4课时	

（六）课程实施要求

1. 授课教师基本要求

此部分主要对担任本课程教学任务的教师的学历、专业、职称、工作经历、职业资格水平、政治素养、基本素质等提出要求。本门课程对教师的基本要求为学历本科以上的相关专业老师，具有一定的工作经历，拥有相关的职业资格证书，有良好的政治素养。课堂教学质量的提高，需要有课堂教学的规范性。为使得教师在教学过程中做到为人师表、教书育人、科学管理，对教师课堂教学基本素质的一般要求是：

（1）做好课堂教学的准备工作，并检查班级学生课前准备情况，表扬鼓励或引导教育学生，以创造良好的课堂教学氛围。

（2）在课堂教学中，教师要做到因材施教，不断改进教学方法，精炼教学内容。注重引导学生认真听讲，积极思考，培养学生良好的课堂学习习惯，努力提高课堂教学效率。还应注重教师个人良好的形象。

（3）要严格课堂常规，认真组织教学，对违反课堂常规要求的学生要及时提醒、教育。要坚持正面教育，以理服人，将思政教育很好地融入教学的各个环节。

(4) 教师在课堂上必须使用礼貌语言、职业语言,讲究语言艺术,严禁语言粗俗,动作粗鲁。教育学生时可以严格,但不得歧视、讽刺、挖苦、辱骂学生,更不得体罚和变相体罚学生,不得在课堂上发泄个人怨气。

2. 实践教学条件要求(表6)

表6 校内实践教学条件要求表

序号	实训室名称	核心设备	数量要求	备注
1	城市轨道交通实训室 (面积要求:220 m²)	屏蔽门	1	
2		自动检票机	1	
3		自动售票机	1	
4		半自动售票机	1	
5	网络化交互演练实训室 (面积要求:150 m²)	带应急演练程序的电脑	60	

3. 教学建议

(1) 加强实际操作能力培养,采用项目教学激发兴趣

在"城市轨道交通客运组织"课程的混合式教学中,应特别注重加强学生的实际操作能力。通过引入项目教学法,教师可以设计一系列与实际工作紧密相关的项目任务,如车站客流模拟组织、售检票系统操作实践等。这些项目及任务能够引导学生主动思考、积极参与,并在完成过程中体验到学习的乐趣和成就感。同时,项目任务的完成也将有助于学生更好地理解理论知识,并将其应用于实际场景中。

(2) 选用典型案例,结合分组讨论与训练互动

为了使学生能够更好地掌握城市轨道交通客运组织的核心知识和技能,教师应选用典型的城市轨道交通客运组织案例作为教学载体。在教学过程中,教师可以先进行案例的详细解析和示范操作,然后让学生分组进行讨论和训练。通过分组讨论,学生可以互相交流想法和心得,加深对知识点的理解;通过训练互动,学生可以在实践中检验自己的学习效果,并及时纠正错误。这种教学方式不仅可以培养学生的三维空间能力,还可以提高他们的团队协作能力和问题解决能力。

(3) 创设工作情景,加强实操项目训练

在混合式教学中,教师应积极创设与城市轨道交通客运组织实际工作情景相似的教学环境。通过模拟车站、售检票系统等实际场景,让学生在实际操作中学习和掌握相关知识和技能。同时,教师应加大实践实操的容量,让学生在反复训练中熟练掌握各项操作技能和流程。此外,教师还可以结合职业技能特点,设计一些具有挑战性的实操项目,让学生在完成项目的过程中提高自己的岗位适应能力。

(4) 关注行业发展趋势,培养学生创新精神和职业能力

在教学过程中,教师应密切关注城市轨道交通客运组织领域的新技术、新工艺和新材料发展趋势。通过引入最新的行业知识和技术动态,让学生了解行业前沿动态和发展方向。同时,教师还应注重培养学生的创新精神和职业能力。通过引导学生参与社会实践、创新实验等活动,让他们在实践中探索新知、解决问题,并逐渐形成自己的职业特色和优势。

(5) 提升职业素养,强化职业道德教育

在教学过程中,教师应积极引导学生提升职业素养和职业道德。通过讲解行业规范、职业道德标准等内容,让学生明确自己的职业责任和义务。同时,教师还应注重培养学生的职业态度和职业精神。通过案例分析、角色扮演等方式让学生体验职业角色的要求和挑战,并逐渐形成正确的职业观念和价值观。此外,教师还可以邀请行业专家或企业人士来校举办讲座或授课,让学生更加深入地了解行业现状和职业发展前景。

4. 教学考核评价建议(表7)

具体阐述本课程考核方案,要求包含考核标准、评价方法、成绩评价等方面。

(1) 考核标准:

能够做好城市轨道交通客流预测;能够对日常客流、换乘客流、大客流进行组织工作;能够对突发紧急事件作出应急处理;能够解决简单的运营设备故障问题。

(2) 形成性评价方法:

①日常客流组织:进出站客流组织、售票组织、监票组织、乘降组织和限流组织;

②乘降客流组织:换乘客流组织;

③大客流组织:节假日大客流、大型活动大客流;

④突发事件客流组织:车站突发事件客流组织,自然灾害应急客流组织;

⑤车站设备故障解除:屏蔽门故障、自动检票机故障、自动售票机故障、半自动售票机故障。

表7 成绩评价表

组成部分	评分项目	权重	分项成绩(分)
平时成绩 (评分项目含作业)	考勤	60%	30
	作业(或工单)	30%	
	学习状态	10%	
实践考核成绩	操作过程	50%	30
	演示过程	30%	
	综合运用	20%	
期末成绩	考试成绩	100%	40
总评成绩			100

(七) 课程资源的开发与利用(表8)

1. 注重实训指导书和实训教材的开发和应用。注重课程资源和现代化教学资源的开发和利用,如多媒体教室的应用。这些资源有利于创设形象生动的工作场景,激发学生的学习兴趣,促进学生对知识的理解和掌握。同时建议加强课程资源的开发,建立多媒体课程资源的数据库,努力实现跨学校多媒体资源的共享,以提高课程资源利用效率。

2. 积极开发和利用网络课程资源,充分利用诸如电子书籍、电子期刊、数据库、数字图书馆、教育网站和电子论坛等网上信息资源,使教学从单一媒体向多种媒体转变,教学活动从信息的单向传递向双向交换转变,学生单独学习向合作学习转变。同时应积极创造条件搭建远程教学平台,扩大课程资源的交互空间。产学合作开发实训课程资源,充分利用校内外实训基地,进行产学合作,实践"工学"交替,满足学生的实习、实训,同时为学生的就业创造机会。

表8 "城市轨道交通客运组织"课程资源选用表

序号	课程资源名称	课程资源来源(网址)	课程资源类型	课程资源大小
1	城市轨道交通应急管理模拟程序	实训程序	实训软件	12个实训项目

(八)教案节选(表9)

表9 "城市轨道交通客运组织"授课教案

授课题目	模块七 城市轨道交通运营应急处理 第二节 列车未启动时屏蔽门故障处理 实践任务 列车未启动时屏蔽门故障处理			
授课方式	理论教学( ) 实践教学( ) 理实一体教学(√)			
课次	第九次课	学时	2	
教学目标	素质目标:掌握故障处理的职业素质 知识目标:掌握客运安全的相关知识 能力目标:掌握客运服务设备故障应急处理流程			
教学重点	描述	车站安全管理内容		
	解决措施	通过案例分析使学生易于理解		
教学难点	描述	屏蔽门故障处理		
	解决措施	通过实训解决		
教学设备设施	多媒体教学设备,实训室设备			
教学方法和手段	讲授、案例分析、头脑风暴			
教学过程及主要内容	教学环节	教学设计		时间分配
	组织教学	职教云签到、检查预习完成情况		5分钟
	复习旧课	各岗位的职责		5分钟
	导入新课	思考:如何做好设备故障处理工作?		5分钟

续表

| 教学过程及主要内容 | 新课教学 | 1. 列车未启动时屏蔽门的故障处理流程
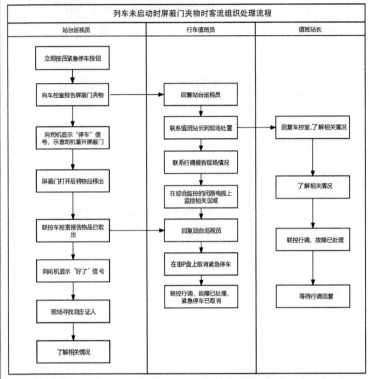
2. 地铁屏蔽门站台单元控制器(PEDC)故障的情况及处理办法如下：
(1) 整侧滑动门无法开、关：
故障分析：这可能是由于PEDC的控制逻辑电路设计存在疏漏,导致整侧滑动门无法开闭。
处理措施：重新启动PEDC或更换PEDC,并将故障PEDC返厂维修。
(2) ISCS(综合监控系统)显示"PEDC故障",但不影响开、关门：
故障分析：发生此故障时,就地控制盒(LCB)和就地控制盘(PSL)仍然可以正常开闭屏蔽门。但ISCS会报告"PEDC故障",同时PEDC故障显示由绿色变为红色,远程监视设备(PSA)也会有故障历史记录显示。
处理措施：首先尝试断电重启PEDC,如果问题仍然存在,需要更换PEDC。
(3) ISCS显示"PEDC信道故障",但不影响开、关门：
故障分析：信道故障指示灯闪烁,ISCS报告通道故障。这通常是由于PEDC的单片机故障引起的。
处理措施：断电重启PEDC,如果问题仍然存在,需要及时更换PEDC。
(4) ISCS显示"CanBus故障",但不影响开、关门：
故障分析：这通常是由于数据总线插头松动,导致门控器(DCU)与PEDC之间的通信受到影响。
处理措施：逐个检查数据总线的插头,并检查PL7插头,将其拧紧。如果问题仍然存在,需要进一步检查是否存在其他原因。
在处理地铁屏蔽门站台单元控制器(PEDC)故障时,需要由专业的维修人员进行操作,并根据实际情况选择合适的处理措施。此外,为了确保地铁系统的正常运行和乘客的安全,还需要定期对地铁屏蔽门进行维护和检查。 | 55分钟 |

续表

教学过程及主要内容	新课教学	3. 列车未启动时屏蔽门夹物处理流程 当列车未启动时发生屏蔽门夹物的情况，处理流程通常包括以下几个步骤： （1）紧急停车并广播通知： 一旦发现有物品被夹在屏蔽门中，应立即进行紧急停车操作，确保列车处于静止状态。同时，播放临时停车广播，通知乘客列车暂时无法启动，并告知原因。 （2）重新打开屏蔽门： 列车司机或站台工作人员应立即重新打开涉及夹物的屏蔽门。如果夹物的屏蔽门无法自动打开，需要手动或使用工具进行操作。 （3）移除夹物： 待屏蔽门打开后，工作人员或乘客协助移除被夹的物品。如果物品较大或难以移除，可能需要使用专用工具或请求增援。 （4）关闭屏蔽门并检查： 移除夹物后，重新关闭屏蔽门。关闭前确保没有任何人或物被夹在门缝中。关闭后，司机或站台工作人员须再次检查确认屏蔽门已完全关闭且状态正常。 （5）报告并等待进一步指示： 将夹物及处理情况报告给行车调度员（行调）或车站控制室。根据行调或车站控制室的指示进行后续操作。 （6）恢复列车运行： 在确认所有操作均已完成且安全无误后，列车司机可恢复列车运行。如果需要，可以播放广播通知乘客列车即将启动。 （7）记录并上报： 将整个事件及处理过程详细记录在案. 向上级部门或相关单位报告该事件及处理情况。 在整个处理过程中，需要特别注意安全，确保人员不被夹伤或发生其他安全事故。同时，保持与乘客的沟通，及时解释情况并安抚乘客情绪。	55分钟
	课堂小结	如何管理好安全工作	5分钟
	布置作业	课堂完成职教云作业七	5分钟
教学反思	部分学生不能对列车已启动和未启动任务进行很好的区分，需要使用虚拟程序多演练几次。		

四、教学反思

针对混合式学习理念下"城市轨道交通客运组织"的教学设计与应用研究，已有人在教学实践之前对混合式学习理念进行了大量的研究，构建了混合式学习理念下的教学设计模式，并将其应用到"城市轨道交通客运组织"课程教学之中。通过为期八周的教学实践，混合式学习理念下的教学不仅达到了课程教学目标要求，而且相比于传统教学模式，学生掌握的理论知识与实践操作技能都有较大的提高，这说明了教学实践研究的可行性与有效性。但在教学实践过程中，混合式学习下的教学并非毫无缺点的。总结对学生与听课教师进行调查分析的结果,以及教学实践过程中发现的问题,在对教学实践出现的问题进行总结分析的基础上,提出了具体的改进建议。

1. 前期教学中智能教学助手使用不便

该问题体现在教学实践前期的考勤签到及课中教学活动上。为了避免学生代签,教师利用线上教学平台要求学生进行手势签到,一般手势签到以某种数字形式进行且限制在五十秒内完成签到。尽管大部分学生完成了手势签到,但仍有一小部分学生未完成签到。反思其原因在于为学生介绍线上教学平台使用方式时,并未模拟手势签到情形,只是向学生说明了线上教学平台具有的签到功能。在有限的时间内,有些学生无法回到签到位置或完成数字签到形式,错过了签到时间。因此,可以在课下对学生进行一次模拟手势签到,使所有同学顺利完成手势签到。在学生能够顺利进行手势签到之后,考勤时间得以缩短,且减少了迟到、旷课现象的发生。因此,在开展混合式教学之前,教师需要向学生告知智能教学助手的功能、使用方法,并进行相应的模拟实践,确定学生都能够正确地使用。

2. 学生在线上学习活动中易转移注意力

该问题体现在课中讨论答疑、头脑风暴等学习活动中。由于讨论答疑、头脑风暴是获得额外经验值的主要途径,学生的参与积极性较高。但与此同时,通过观察及听课教师的反馈,个别学生易转移注意力,利用手机玩游戏或看视频。分析其原因,一方面与学生的自控力较差有关,另一方面也与活动开展时间、学习任务的难易程度有关。因此,建议教师在利用智能教学助手开展线上活动时,要在课堂中多加巡视,对学生线上学习提供必要的监控与调整。此外,教师要善于总结教学活动经验,根据学习任务的难易程度对教学活动时间做出合理的规定,避免活动时间过长或过短,影响学生的学习体验。

3. 学生自主预习时间过长

该问题体现在课前学生线上自主预习活动中。学生进行自主预习不仅有利于教师掌握学生学习疑难问题并进行有针对性的教学指导,而且有利于学生进行新知识的建构与新技能的学习。分析问题产生的原因,主要在于学习资源内容过多不够精练。在教学实践研究中,学生在进行自主预习时,需要在观看完视频、查看完教学课件后完成相应的自测题,并在讨论答疑区说明预习存在的疑难问题。在学习内容多而复杂的情况下学生的自主学习积极性往往不高,因而难以完成预习任务。因此,建议在混合式理念下的教学实践中,教师须对学习资源进行整合,尤其对文本形式的学习资源要突出学习重点,分清学习内容的主次。

4. 学习活动受智能设备的制约

这体现在学生进行课前自主预习、课中教学、课后复习阶段开展的各项教学活动之中。分析问题产生的原因,是学生智能设备无电量或无网络导致无法进行线上学习活动。因此,在开展混合式学习的教学活动之前,教师须及时通知学生对智能设备进行充电,避免出现无电量现象;对于网络不稳定的问题,我国大多数学校已经普及或计划普及校园网的建设,以此可为学生利用智能设备进行线上学习提供支持条件。

5. 个别学生恶意刷经验值易导致考核不公

该现象的存在反映在对学生进行的问卷调查中。由于经验值与学生过程性考核成绩息息相关,恶意刷经验值极易导致考核不公,从而损害学生学习积极性,失去混合式学习的教育意义。对于这种现象,教师可在班级中明确处罚规则,建立匿名举报制度,严厉处分恶意刷经验值的行为。

6. 对教师信息技术能力要求较高

该问题体现在课前、课中、课后的教学活动实施全过程之中。在课前,教师需要使用线上教学平台通知学生预习任务、上传学习资源,并对学生在自主预习过程中出现的疑难问题进行统计。在课中,教师需要使用线上教学平台开展随机选人、讨论答疑等教学活动,在课后需要对学生上传的作业成果进行评分与反馈。在教学全过程中,学生能否获得有效的学习反馈,教学活动能否顺利展开与教师的信息技术应用能力息息相关。因此,需要教师具备较高的信息技术能力,熟练使用移动教学助手辅助教学。基于此,教师还要提高教学敏感度,更新教学理念,加强对智能教学助手、平台的了解与应用,并在教学实践中进行应用与尝试,促进信息技术与教学的结合,提升教学质量。

第三章 "轨道交通概论"课程开展项目教学的应用研究

第一节 项目教学法的基础理论

一、项目教学法的内涵

(一)项目教学法的定义

1. 项目的概念

项目一词源自拉丁语的"projicere",在现代语境中,它通常指一个具有明确目标、预算、时间表、资源和责任分配的临时性任务,旨在实现一个独特的产品、服务或成果。项目涉及多个阶段,包括启动、规划、执行、监控和收尾,需要跨部门的团队合作,以达成既定的目标。在教育领域,项目通常是指一种基于实际问题的学习模式,旨在通过引导学生参与真实的、有意义的问题解决过程,来培养他们的创新思维、实践能力、团队协作和问题解决能力。这种学习模式强调学生的主动性和参与性,鼓励他们通过探究、实践、反思和分享来构建自己的知识体系。

2. 项目教学法的概念

项目教学法是一种教学方法,强调学生通过参与实际项目来学习和应用知识、技能和概念。这种教学方法将学习与实际问题解决和实际项目开展相结合,旨在提供更实践、更真实的学习经验。项目教学法通常具有以下特点。

(1)问题导向:学生通过解决实际问题或完成项目来学习课程内容,而不仅仅是传统的课堂讲解和记忆。

(2)跨学科性:项目通常涉及多学科的知识和技能,鼓励学生综合运用不同领域的知识。

（3）合作学习：学生通常需要在团队中合作，共同完成项目。这有助于培养团队合作和沟通能力。

（4）实践经验：学生通过实际项目获得实践经验，有助于更好地理解和应用所学的知识。

（5）自主学习：项目教学鼓励学生主动参与学习过程，培养他们的自主学习能力和问题解决能力。

（6）评估：评估通常基于学生在项目中的表现，而不仅仅是考试成绩。这有助于更全面地了解学生的能力和掌握的知识。

项目教学法在多个领域都展现了广泛的应用，其中包括工程、商业、计算机科学等多个学科领域。该教学方法的核心思想在于通过实际项目的设计与实施，为学生提供一种全面而深入的学习体验。这种教学方式不仅令学生在学科知识上取得了更为深刻的理解，更重要的是在培养他们面对未来职业挑战时所需的实际技能和解决问题的能力方面发挥了重要作用。在工程领域，项目教学法使学生能够在模拟真实工程项目的环境中应用理论知识，从而更好地理解工程设计、制造和问题解决的全过程。这种实践导向的学习方式不仅促进了学生实践应用能力的磨砺，更增强了他们在专业领域中的适应与应变能力。在商业领域，项目教学法强调团队合作和实际项目管理的重要性。学生通过参与真实的商业项目，学会了解市场需求、制定商业计划、执行项目并解决实际挑战。这种综合性的学习方式培养了学生在未来职业中领导、协作和创新的能力。在计算机科学领域，项目教学法推动学生将所学的理论知识应用到实际软件开发、系统设计等项目中。通过实际编码、调试和测试，学生能够更好地理解计算机科学原理，并提高问题分析和解决的实际技能。

项目教学法是一种强调实践和应用的教学方法，为学生提供了更为深入和全面的学习体验。通过参与真实项目，学生不仅能够更好地掌握学科知识，还能够培养解决实际问题的能力，为他们未来的职业发展奠定坚实的基础。

（二）项目教学法的内容

1. 项目教学法的核心理念是以学生为主体

传统的教学模式是"确定目标——达成目标——根据目标进行评价"，这是基于泰勒的目标达成模式。在这样的教学模式下，课堂的教学行为表现出了一种"同质性"与"重复性"，教师的教学行为演变成了一种低效率、重复性的"灌输"工作，课堂成了教师唱独角戏的舞台，教学程序表现为单一线性的"传递——讲解——评价"，师生之间缺乏有效的交流沟通，"控制"与"被控制"成了师生之间的角色关系，学生的学习程序也表现为机械的"记忆——复述——遗忘"，学习沦为一种无效的行为。而项目教学法与传统的教学模式不同，在项目教学过程中，真正做到以学生为主体，学生亲自参与项目完成的过程，通过收集信息、分析问题、分工合作、活动探究等方式，最终解决面临的项目。

2. 项目源于真实问题情境

在当前学校教育过程中存在着大量知识的"僵化"和"迁移"问题，主要原因是缺乏对知识的情境性把握。情境性是相对于知识的一般性、抽象性和普遍性来说的，强调知识的特殊性、具体性和实践性。在项目教学中,情境性显得尤为重要。教师通过创设合理的教学情境,使学生沉浸于真实的问题情境中。在这样的环境下,学生所学到的知识不再呆板,而是能够灵活运用、具有迁移价值的。

由于职业教育的定位是培养技术型人才,所以项目教学中的内容更多的是来源于企业实际生产生活中的典型工作任务。教师通过内容整合,将企业的典型工作任务进行项目化处理,通过教学组织,设置真实的、复杂的、具有挑战的项目,让学生通过完成项目的方式,不仅学会与之关联的知识和技能,还能对未来的工作情境形成正确的认识,提高自己的职业能力。

3. 项目教学评价贯穿于项目教学的全过程

教师的教学是否有效,要看学生通过学习是否获得了进步。因此,教学评价在教学环境中占据了举足轻重的位置。随着高职教育课程改革的不断深化,教学理念也逐渐从知识本位过渡到了能力本位,在教学评价上,也应该由终结性评价过渡到形成性评价和终结性评价相结合的方式,使教学评价贯穿项目教学的全过程。

(三) 项目教学法的组成部分

项目教学法包括四个主要组成要素:内容、活动、情境和成果。

1. 内容即核心

项目教学中,内容是最核心的部分,内容选取的好坏将直接关系到项目教学的效果。因此,教师在选取项目教学的内容时应注意以下几点:项目教学的内容必须具有完整性和系统性,值得教师和学生一起探究;项目教学的内容必须符合学生感兴趣的,能够有能力去解决的问题;项目教学的内容必须符合某个职业领域的典型工作任务中所涉及的知识、技能、素养等要求。

2. 活动是载体

项目教学活动指通过采用特定的研究方法和技术工具来解决问题时所进行的一系列探究行为。在高职项目教学中,一般以学生为核心,通过小组协作的方式完成各种活动。活动一般具有一定的挑战性,项目活动的设计不应局限于结构良好领域范畴内的问题,而应将问题置于更宽广的范围,不再是现有的知识和技能能够简单处理的活动,而是要求学生利用现有的知识和技术手段,不断拓宽自己的边界,能够处理更加复杂和困难的问题。

3. 情境是平台

项目教学中的情境指的是开展项目学习时所处的环境,如理实一体化情境、真实模拟情境、多元立体评价情境。情境学习理论认为,学习的本质就是参与情境的过程,是合法的边缘性参与的过程,学生所学的知识与所处情境中的相互作用是必不可少的。因此,在项目教学的过程中,分析项目的特点,选择适合学习者学习的情境对教学活动至关重要。

4. 成果为结晶

项目教学的结果是指学生在完成项目教学过程后所获得的知识和技能。在高职教学的课堂里,项目教学的结果可以表现为真实制作的作品,也可以体现为虚拟的报告、服务等形式。

二、项目教学法的理论基础

（一）杜威实用主义教育理论

"以课堂为中心，以教科书为中心，以教师为中心"是传统教育所提倡的思想，这种思想在学习的初级阶段是有存在的合理性的，由于初级阶段更加侧重知识的确定性和普遍性，因此可以在较短时间内大规模地传授一些最基本的概念问题。前面也提到过，学生的认知结构是要升级的，以及对概念和原理的理解是要进一步加深的，离开了学习的初级阶段，传统教育提倡的"三中心"就有些站不住脚。因此，杜威针对传统教育的弊端提出了"以经验为中心，以儿童为中心，以活动为中心"的观点。杜威在《民主主义与教育》一书中写道："学校最大的浪费在于儿童在学校中不能完全自由地运用已有的经验，采取自己的方式获取知识"，"教学必须从学习者已有的经验开始"。他认为一切知识都来源于经验，教育即生活，教师在传授知识的过程中，要考虑结合儿童已有的经验。"以儿童为中心"是对传统的以教师为中心的批判，他认为应该充分尊重儿童的兴趣爱好，以儿童为起点。"以活动为中心"指的是教师应该引导和提供良好的学习环境，给儿童提供自主学习的机会。在项目教学法中，强调要以学习者为中心，将课堂还给学生，让学生在教师创建的良好氛围中，采取自己的方式获取知识。这一点正好符合杜威的实用主义教育理论的思想。

（二）建构主义学习理论

建构主义学习理论是继行为主义学习理论发展到认知主义学习理论之后的进一步发展。行为主义秉承客观主义的主要思想，即通过对外部事件的探究来分析人类行为。这种观念在教学上，简单地将学生的"反应"视为"刺激"的结果，完全忽视了学生心理过程，学生只需要被动地吸收教育者传达的信息并且将其完整复刻出来以达到和教育者同样的理解。认知主义流派中一部分人依旧秉承客观主义的一套思想，一部分人开始意识到学生内部的认知结构，强调要把对外部事物的觉察内化到自己内在的认知结构当中。随着心理学家对认知规律深入研究以及网络通信技术和计算机的迅猛发展，建构主义学习理论逐渐展现其强大生命力，常作为批判传统教育观点的理论基础。心理学家皮亚杰最早提出建构主义，他坚决反对行为主义只关注外在因素而忽略内在因素的方法。他主张应该秉持唯物辩证法的思想，运用内在因素和外在因素以及它们之间相互作用的理念来研究儿童的认知发展。在皮亚杰的理论当中，"同化"和"顺应"是儿童和外部世界相互作用的两个基本过程。"同化"是当外界信息和已有的认知结构平衡时，儿童将觉知的外部世界的信息吸收内化到已有的认知结构当中去；"顺应"是当外界信息和已有的认知结构失衡时，儿童改变自己现有的认知结构，创造新的认知结构来达到平衡。在这种平衡和不平衡的反复循环中，儿童的认知结构得到不断提升。

1. 建构主义的知识观点

建构主义的知识观是探讨知识是什么，以及知识从哪里来等哲学问题，不同的知识观所对应的课程形式有很大的差异性。谢夫勒曾讨论过三种知识观，分别是经验主义、理性主义和实用主义。传统的知识观念主张，知识是对一个既存且独立于观察者之外的真实世界的表征。在这种观念下，知识的真实性或准确性，其衡量标准在于其是否能够精确地映射或反映客观世界。换言之，知识被视为对外部世界的一种客观、真实的描述，而非仅仅基于个体的主观理解或体验。而建构主义则认为，知识并不是客观的东西，而是主体在与外界环境的相互作用过程中，通过顺应和平衡的方式，不断修正自己的图式，进而得到的一种经验、假设和解释。如《汉谟拉比法典》和《独立宣言》都曾经探讨过人权的问题。《汉谟拉比法典》中明显可以看出人生来就不平等，所以整个社会中人人都觉得"人生来就不平等"这件事是对的，是真理。然而《独立宣言》中的观点和《汉谟拉比法典》的观点恰恰相反，它认为人人平等，人人都有追求幸福和自由的权利。然而，不管是汉谟拉比还是美国的开国元勋，他们所构建的整个社会的信仰，在现实生活中都找不到绝对的证据，这种"真理"只存在于智人的想象力中，存在于他们虚构的想象故事中，存在于根据不同的社会背景，适合维持自己国家繁荣昌盛的故事中，存在于他们的建构意义中。所以，对于同一事物和问题来说，每个时代中的每个人都有着自己的看法，这种观点并非像照相机一样，当你看到一个客观的事物时，就在脑子里就直接完完整整地复制出来，而是根据个人目前内在的图式进行建构。总之，知识并非客观的、一成不变的，而是暂时性的、相对性的。这种知识观的思想对整个教学活动来说具有一定的指导意义。

2. 建构主义的学习观点

建构主义学习观主要是一个科学问题，学习观探讨的是个体如何学习的问题，是对学习发生过程的实然性的描述。建构主义理论下的学习是指在特定的情境中，个体根据原有的知识经验和认知结构在与他人进行交流协作的过程中完成意义建构的过程。这里面包含两个核心的要素：学习活动具有情境性，学习是个体主动建构的过程。情境性的理论支持来源于维果茨基关于两种心理机能的论述，他认为个体的学习就是从低级心理机能向高级心理机能过渡的过程，低级心理机能是与生俱来的，而高级心理机能只能通过熟练地运动各种工具以及符号才可以获得，这就说明在个体所处的情境性中，社会性因素的重要性。主动建构的理论支持来源于皮亚杰对儿童认知结构的研究，前面也有说明，这里不再多做解释。总之，学习观的角度认为，即便知识具有真理性和客观性，每个人的知识背景和认知结构不同，理解的意义也不尽相同，只有个体以建构的方式去理解，才能将知识变成属于自己的。

3. 建构主义的教学观点

建构主义教学强调应用和实践，研究与知识观和学习观相适应的教学方式。知识观和学生观指出知识不仅是简单复制、传递、提取信息，教学不应以教师为主导，而是要积极创设环境，鼓励学生协作，了解学生认知和经验，提供学习支架，帮助实现认知升级和概念转变。建构主义理论中提倡学生自主建构知识，在项目教学法中广泛应用此理念。以学生为中心替代传统以教师为中心，教师由施教者变成引导者，学生通过亲身实践丰富知识结构，提升思维方式，强化问题发现、分析和解决能力。

（三）情境学习理论

传统的知识观认为知识是一个独立的实体并且可以通过教师的一系列教学手段，将知识打包给学生。在这种知识观下的教学活动往往是知行分离,学生接触到的都是去情境化的,结构良好的问题,学到的知识都仅仅可以应对考试却无法解决现实情况中的实际问题。在1929年,弗雷德·诺思·怀特海在其关于教育的著述中提到了"惰性知识"这一概念,用来形容那些缺乏生命力、无法灵活运用于现实生活、没有使用目标、不能解决问题的知识。学校在育人的过程中逐渐发现这种育人知识观带来的不良影响,以及由于人类学、社会学、认知科学等学科在学校教育领域研究的不断深入带来的成果,学习研究取向开始转向了情境。情境学习理论是继行为主义、认知学习理论、建构主义学习理论等研究取向后的又一理论研究热点。该理论认为知识是具有情境性的,学习其实就是参与情境的过程。知识与情境之间的动态相互作用是学习过程中必不可少的部分,如今的情境理论的主要观点来自心理学视角和人类学视角。心理学视角主要从认知的角度来理解学习的内涵,认为学习就是信息加工处理的过程。早期由于过分关注知识内容的表征,重心放在了信息的加工处理上却忽略了信息的意义而被批判,后来才开始逐渐关注认知以及知识的情境性。但是,这种视角依旧是二元论的思想,物理和社会环境依旧是外界的影响因素,学习还是发生在个体内部的过程,本质上还是以获取知识为目标,以创建情境为手段来促进知识的获取。人类学视角认为人、工具、共同体以及外部环境应该是一个整体。学习本质上是参与情境的过程,是"合法的边缘性参与"的过程,是成为特定实践共同体成员身份以及获得文化适应的过程。一个新手在参与共同体真实活动中,通过观察模仿专家以及共同体成员的协商会话,逐渐习得共同体的标准行为模式以及相互沟通交流时独特的符号性语言。随着知识经验的积累以及能力的提高,新手逐渐可以应对处理各种繁杂的事情成为共同体的核心成员,对共同体的贡献越来越大,也逐渐地开始影响新成员,在此过程中以获得共同的文化认同为目标,以边缘合法的参与共同体为手段,这是人类学视角下学习的本质。情境学习理论更多的是强调情境对于知识内化的重要性。项目教学法中,教师通过精心创设的情境,让学生通过合作探究的方式完成一个个项目,其实就是为了让学生能够将所学的知识与创造的真实情境发生相互作用,让学生以后再次遇到这类问题时能够灵活地应对处理。

第二节　项目教学法在"轨道交通概论"课程中的设计

一、课程目标分析

在高职城市轨道交通运营管理专业中,城市轨道交通概论不仅是一门理论知识丰富的课程,更是理论与实践的结合。以下是对该课程目标的详细分析。

专业知识的系统传授。本课程的首要目标是向学生全面系统地传授城市轨道交通的基础理论知识,包括轨道交通系统的构成、工作原理、运营管理等核心内容。通过深入浅出地讲解和案例分析,使学生对城市轨道交通系统有一个整体而深入的认识。

前导课程的有机衔接。为了确保学生能够更好地理解和应用所学知识,本课程在教学内容设计上充分考虑了与前导课程的衔接。通过引入公共交通管理等相关课程的知识,为学生打下坚实的基础,使其能够更好地理解城市轨道交通系统的运作机制和各个组成部分的功能。

实践教学环节的强化。本课程特别重视实践教学环节,旨在通过实际操作和实地体验,加深学生对理论知识的理解和应用。利用轨道交通模拟系统,让学生在实验室环境中模拟轨道交通的运营管理过程,包括列车调度、信号控制、客运组织等,从而培养学生的实际操作能力。组织学生到城市轨道交通车站、车辆段等现场进行实习和参观,让学生亲身感受轨道交通的运营环境和工作流程,加深对实际工作的认识和理解。结合城市轨道交通运营中的实际案例,组织学生进行案例分析和讨论,引导学生从多个角度思考问题,培养其分析问题和解决问题的能力。

应急处理能力的专项培养。针对城市轨道交通领域对高效应急处理能力的迫切需求,本课程特别设置了应急处理能力的专项培养环节。通过案例分析、模拟演练等多种方式,使学生掌握在紧急情况下迅速做出决策、妥善处理各类问题的技能和方法。

综合素质的全面提升。除了专业知识和实践操作能力的培养外,本课程还注重学生综合素质的全面提升。通过团队合作、沟通协调等能力的训练,使学生具备良好的职业素养和团队协作精神。同时,课程还注重培养学生的创新意识和创新思维,以适应未来城市轨道交通行业的快速发展和变化。

综上所述,"城市轨道交通概论"课程在高职城市轨道交通运营管理专业中发挥着举足轻重的作用。通过系统传授专业知识、强化实践教学环节、专项培养应急处理能力以及全面提升学生综合素质等多种方式,该课程致力于培养一批既具备理论知识又具备实践能力的城市轨道交通运营管理人才。

根据"轨道交通概论"的课程标准来看,高职学生在学习本课程时应达到如下课程目标:

1. 素质目标

(1) 培养学生的团队合作能力和沟通交流能力;

(2) 培养学生发现问题和解决问题的能力;

(3) 培养学生较强的安全意识和岗位责任感;

(4) 培养学生良好的职业道德和行为规范;

(5) 培养学生爱岗敬业、吃苦耐劳的职业精神。

2. 知识目标

(1) 了解城市轨道交通应急处理的基本理论;

(2) 掌握车站突发事件的应急处理原则和流程;

(3) 掌握客运工作中常见突发事件的应急处理流程;

(4) 掌握综合性突发事件的应急处理办法。

3. 能力目标

(1) 掌握基本的急救知识和客伤事故的处理办法;

(2) 熟悉客运组织工作,能处理客运工作中的突发事件;

（3）熟悉车站设备操作，能处理屏蔽门、电扶梯等设备故障引起的突发事件。

通过目标分析可以看出，轨道交通概论课程并非只是要求学生掌握一些书本上的理论知识，了解一些最基本的应急处理方法，而是要在未来的真实工作情境中能够将所学的知识应用到实际中，并且将知识内化到自身的认知结构中，以便在必要的时候能够迅速"自动化"地提取出解决方案。由此可见，传统的教学方法已经不能达到本课程的三维目标。因此，通过以能力为本位的项目教学法来开展实施"城轨道交通概论"课程是最佳的选择。

二、学生学情分析

在实施项目教学前，通过四维分析法，即知识储备维度、兴趣爱好维度、心理需求维度和提升空间维度来分析学情，了解学生的"最近发展区"，根据学生现有最真实的状态来开展教学。

1. 知识储备

（1）从专业知识角度，根据该专业的培养方案来看，学生在开设轨道交通概论课程之前已经修过机械基础等专业课程，对城轨专业的基本理论和概念有一定的认识，具有一定的专业基础知识。

（2）从技能知识来看，在开展本课程前，学生已经修过计算机课程、写作课程和普通话口语交际训练课程。因此，必备的计算机操作能力以及交流、沟通、协作的能力已经具备，这对于顺利地开展项目教学是必要的。

2. 兴趣爱好

笔者曾经利用教育见习的机会，与该专业的一些同学进行了简单的交流。交流沟通后了解到，很多学生不喜欢过于"坐着的"的课堂，喜欢"动起来"的课堂。比如，传统的理论教学课堂，教师播放 PPT，然后学生在下面听讲，这种教学效果很一般，学生在课堂上的学习行为也比较消极，但是当被问到喜欢什么样的课堂时，大家不约而同地想到了体育课、实践课。这是因为高职的学生所处的阶段正是抽象性思维得到了很大的发展，兴趣爱好比较广泛，对新鲜事物有着极强好奇心的阶段，他们虽然学习基础一般，但是动手实践能力强，这种特点比较适合开展项目教学。

3. 心理需求

在个体一生中的绝大多数时间里，心理发展和生理发展速度相互协调，从而促使身心保持一种平衡、和谐的状态。由于高职学生所处的阶段的生理变化带来的心理活动的冲击，高职学生的认知和社会性方面发生了巨大的变化。闭锁性与开放性是高职学生的典型特征：一方面他们把自己的内心封闭起来，对外界充满了不信任，在自己的内心世界中安静地成长；另一方面，他们又渴望能够有人关心和理解他们，渴望与朋友交流沟通。在项目教学法的教学过程中，学生用小组合作探究的方式完成项目，这种趣味性课堂不仅有利于提升自身的专业技能，适应严峻的就业形势，还有利于满足高职生的心理需求。

4. 提升空间

随着经济社会的飞速发展、产业结构的不断调整，社会对企业员工的要求越来越高，未来社会出现的问题的边界越来越模糊，所需要的能力也越来越多。交流沟通能力、良好的学习习惯、创造能力、团队合作精神等条件越来越成为企业所重视的素质,而高等职业院校作为培养技术型人才的重要场所,自然要培养学生的综合素质,项目教学法通过"做中学"能够全面地提升学生的综合素质。

三、教学内容设计

1. 教学内容选择依据

在项目教学法中,项目内容的设计是整个教学法中的关键,内容选取的好坏直接关系到教学的实际效果。因此,本研究选取的教学内容为城轨交通运营岗位典型工作任务、城轨交通安全运营评价标准、城轨运营职业资格证的考核要求以及轨道交通概论课程的相关教材。

（1）城轨交通运营岗位典型工作任务

城轨运营主要由两大部分组成,即运输和工程。在运输部分,主要的职能岗位有站务、乘务、票务、控制中心和运输保障;工程部分,主要的工作任务有车站维修、供电、通信及监控、结构和工程保障。了解到开设本课程之前,学生只接触过城轨专业的一些基础理论以及车站和信号的一些基础知识,加上高职城轨专业的学生毕业以后大多数从事地铁站务类工作,因此工程部分涉及的城轨运营安全应急处理部分在这里不做详细描述,也不会将涉及的内容添加到项目教学内容。另外与运营安全无关的典型工作任务也不会做详细描述,只选择与运营安全有关的岗位典型工作任务,作为项目内容选择的一部分依据。地铁站务岗位主要由值班站长、综控员和站务员组成。站务员可以划分为三种不同的岗位:客服中心岗位、站厅岗和站台岗。

①客服中心岗位——地铁车站客服中心在地铁运营中扮演着至关重要的角色,客服中心是地铁车站面向乘客的主要服务窗口,为乘客提供票务服务、信息咨询、投诉建议等多种服务。以下是一些相关的任务描述:

票务服务:客服中心工作人员需要负责售票、充值、补票等票务工作,确保乘客能够顺利购票和乘车。同时,他们还需要处理与票务相关的各类问题,如退票、换票等。

信息咨询:客服中心工作人员需要为乘客提供各类信息咨询服务,如车站周边交通信息、旅游景点介绍等,满足乘客的多样化需求。

投诉建议处理:当乘客对地铁服务提出投诉或建议时,客服中心工作人员需要认真倾听、记录并妥善处理,及时反馈给相关部门和人员,以提高服务质量。

乘客引导:在客流高峰时段或特殊情况下,客服中心工作人员需要协助乘客进行候车、上下车等引导工作,确保乘客能够顺利出行。

紧急事件处理:在发生紧急事件时,客服中心工作人员需要迅速启动应急预案,协助车站工作人员进行疏散、救援等工作,确保乘客安全。

此外,客服中心工作人员还需要完成一些其他工作任务,如填写相关报表、进行设备巡视等,以确保地铁车站的正常运营和服务质量。

②站厅岗

地铁车站站厅是确保运营安全的重要区域,涉及多种典型的工作任务。以下是一些相关的任务描述:

安全巡逻与监控：巡逻人员会定期巡查站厅区域，特别关注人流密集区域、紧急出口、安全设备等。监控室内人员则负责通过监控摄像头实时监视站厅的各个角落，及时发现并处理异常情况。

应急疏散演练：为提高乘客和工作人员的应急疏散能力，定期组织进行火灾、地震等紧急情况下的疏散演练。这有助于熟悉应急通道、紧急出口位置，并确保人员在紧急情况下能够冷静应对。

设备检查与维护：确保站厅内的安全设备，如灭火器、应急广播设备、紧急通信系统等处于良好状态。定期进行设备检查和维护，确保其能够在需要时正常运作。

人员引导与救援：在高峰时段，工作人员需要进行人员引导，以确保人流有序，避免拥堵。在突发情况下，工作人员需要快速响应，进行紧急救援，保障乘客的安全。

防恐工作：实施安全检查，对乘客进行随机安检，确保地铁站厅内没有危险品和可疑物品。同时，要加强对站厅周边区域的安全防范，提高应对潜在威胁的能力。

信息发布与沟通：在突发情况下，及时发布安全信息，指导乘客采取适当的行动。与车站其他区域以及运营中心之间保持紧密的沟通，确保信息畅通、协作高效。

通过这些工作任务的执行，地铁车站站厅能够保障乘客和工作人员的安全，有效应对各种突发情况，维护整个地铁系统的运营安全。

③站台岗

地铁车站站台是确保运营安全的关键区域，涉及多种典型的工作任务。以下是一些相关的任务描述：

列车调度与控制：车站工作人员负责与列车调度中心协调，确保列车在站台的停靠、发车和运行过程中保持安全距离和正常运行。他们需要密切关注列车运行情况，及时响应可能出现的问题。

乘客安全引导：工作人员需要在高峰时段和突发情况下引导乘客有序上下车，防止拥堵和意外发生。同时，确保乘客在站台上远离列车边缘，防止发生踩踏等意外事件。

紧急疏散演练：定期组织站台区域的紧急疏散演练，包括引导乘客利用紧急出口、使用紧急通道等。这有助于提高乘客和工作人员在紧急情况下的应急反应能力。

防护门与安全屏障：确保站台上的防护门和安全屏障处于正常工作状态，以防止乘客误入铁轨区域。工作人员需要进行定期检查和维护，及时修复可能存在的故障。

灾害防范与处理：针对可能发生的灾害，如地震、火灾等，工作人员需要熟悉站台上的应急设备位置，能及时进行应急处理，确保乘客的安全。

列车乘务安全：协助列车乘务人员进行安全检查，确保列车上的紧急设备齐全，乘客有序上车，以及在紧急情况下进行迅速疏散。

信息发布与沟通：及时发布关于列车运行、站台状况以及紧急事件的信息，确保乘客了解实时情况，并能够采取适当的行动。

通过这些工作任务的有序执行，地铁车站站台能够保障乘客和工作人员的安全，有效预防和应对各种潜在的运营安全问题。

（2）城轨交通安全运营评价标准

城轨交通安全运营评价标准中符合高职城轨专业未来就业的标准如下。

对于调度人员来说,要求的能力素质如下:具备正常情况下,熟练指挥调度和客运工作的能力;熟悉各种突发事件应急预案的基本应对流程;具备在突发事件情况下,沉着冷静地决策及调度指挥的能力。

对于车站值班员来说,要求的能力素质如下:具备正常情况下,熟练车站客运工作的能力;熟悉各种突发事件应急预案的基本应对流程;具备在突发事件情况下,沉着冷静、快速组织疏散及现场前期处理的能力。

对于站务人员来说,要求的能力素质如下:应掌握消防安全火灾初期扑救、大客流疏散及车站限流的基本方法和技能;应熟悉各种突发事件应急预案的基本应对流程。

以上部分为城轨运营专业部分岗位中关于运营工作的能力素质要求。可以看到,熟悉各种突发事件的基本应对流程是所有运营岗位中必备的基本能力素质,因此需要将突发事件的基本应对流程纳入项目课程内容中去,通过角色扮演等方式让学生真正地了解具体的流程步骤以及涉及的影响因素,为以后的工作打基础。

(3) 城轨运营职业资格证的考核要求

城轨运营职业资格鉴定大纲中,对初级、中级和高级职业等级的考核要求有 7 大方面:职业道德、基础知识、专业基础知识、专业知识、专业相关知识、质量管理知识、安全文明生产与环境保护知识。相关知识中包括了职业人员基本的职业道德和应遵守的法律法规。中级和高级技能考核理论部分中,涉及的部分和初级技能考核的相似度较高,只是难度要求更大一点。

2. 教学内容处理原则

上文中提到,教学内容的选择依据四大部分:城轨交通站务岗位典型工作任务分析、城轨交通安全运营评价标准、职业资格证的考核要求和"轨道交通概论"的相关教材。根据高职学生的认知特点以及教育改革的基础理念,选择的内容将依据以下"四化"原则进行处理。

(1) 理论内容实务化

轨道交通概论的内容比较抽象,涉及真实工作情境下的应急处理办法,只通过枯燥的理论知识讲解,告知学生在什么样的情况下应该怎么操作,并不一定会起到好的效果。只有将理论内容实务化,学生才会对所学的内容有具象的了解,真正理解为什么要这么做。

(2) 教学过程任务化

教学过程任务化是指将原来固定的教学过程,即课程导入——知识讲解——总结答疑,转变成以项目导向、任务驱动的教学形式。教学过程任务化可以促进学生的元认知发展、激发学生自主探究以及完善科学思维。

(3) 重点知识动态化

课堂上,传授给学生的往往是具体的、现成的知识,但是知识背后隐含的思维过程和变化过程,学生经常理解不了。因此要引导学生去理解知识的产生过程,要进行重点知识动态化处理,只有这样,学生才能真正地理解和掌握知识,并将其内化到自己的认知结构中。

(4) 难点知识操作化

对于难点知识而言,仅仅通过课程上知识层面的灌输很难达到理想的教学目标,在教学内容上,要将理论课与实践课融为一体,课堂教学与实际训练有机结合,将难点知识操作化,让学生从"做"中学。

四、教学过程设计

1. 项目选定

项目教学法实施的过程中,项目的选定关乎整个教学过程的效果。项目选定需要考虑如下两个因素。

(1) 学习者的兴趣爱好

项目教学法的思想是"以学生为中心",整个教学过程就是教师创设一定的教学情境,在教学中担任一个引导者来帮助学习者完成自主建构。因此,在项目的选定上,要充分考虑学习者的兴趣爱好。心理学家希迪在 1990 年提出了兴趣的二维分法,将兴趣分为个人兴趣和情境兴趣。个人兴趣是指一种相对稳定的、跨时间发展的个体倾向,它基于个人的内在动机和长期形成的偏好。而情境兴趣则是指由特定环境或情境诱发的兴趣,它是学生对环境刺激的一种即时反应,可能会随着环境或情境的变化而发生变化。虽然两者在一定的领域中有所差异,但是都可以提高学习者的认知功能。基于此,通常认为虽然每个学生的兴趣爱好都大不相同,没有办法通过一个项目满足所有学习者的个人兴趣,但是可以采取迂回的方式,如通过选取趣味性、生动性、诱惑性的项目促进学生的情境兴趣,进而提升学生的个人兴趣。已有研究表明,情境兴趣可以转化为个人兴趣,最典型的就是话题兴趣。例如当我们提到"玩益智游戏促进思维能力的发展"这一话题的时候,那些本身喜欢玩益智游戏的人因为和自己的个人兴趣有关而被吸引;那些不喜欢玩益智游戏的人却因为困惑为什么游戏可以促进思维能力的发展而被吸引。同样的道理,当我们所选的项目能够吸引到学习者,整个教学过程才会更有效果。

(2) 学习者现有的知识水平

兴趣可以促进学生认知能力的发展以及学习水平的提高,因此,首要做法就是选取具有吸引力的"项目",但这只是学习兴趣发生的逻辑起点——觉察。仅当察觉到的客体与学生个体状态相匹配,或者与学生现有的知识经验产生互动时,感知到的客体或刺激物方能引发兴趣,学生所产生的认知趋势才能演变为渴望知识的动力。学生是具有能动性的个体,当遇到的挑战与自身的认知结构相差过大,会产生厌烦的情绪。因此,在设置项目的时候,要充分考虑学生现有的知识水平和认知结构。

2. 制定项目计划

项目教学过程中,一个任务和分工明确的项目计划是教学目标达成的"催化剂"。在整个教学过程中,需要制定如下计划。

(1) 项目教学方案和项目任务书

项目教学过程中,每个项目都承载着一定的知识和技能,涵盖了未来工作任务过程中所需要的知识与能力。因此,在开展项目教学时有必要进行项目分析,而项目教学方案和项目任务书就是分析的两大工具。项目教学方案体现的是教师对于整个项目的思考,内含项目名称、项目任务、教学目标、项目实施方案等。在此过程中,最重要的是进行项目活动设计,将项目流程中涉及的教师活动、学生活动和教学资源列在项目教学方案计划中。项目任务书是学生根据项目教学方案制定的细致的项目进行计划方案,体现的是学生如何完成项目的思考,内含项目要求、工作任务分析、流程计划、时间计划、组织计划等。

(2) 分组计划

项目教学采用小组协作的形式进行。在实施项目教学时,应全面考虑学生兴趣、学习能力的差异,遵循组间异质、组内同质的原则进行分组。每组最适宜包含4～6名成员,以促进合作与互补。

3. 活动探究

不同于传统教学过程中,教师讲授时间占据半壁江山,在项目教学的实际过程中,活动探究是整个教学过程中耗费时间最长的部分,在此过程中要处理好角色的定位功能。对于教师而言,要从传授者转变成引导者,通过项目方案的安排引导学生逐步去解决问题,完成项目。教师在此过程中,要提供动态性支架式教学,而不是将知识一股脑塞给学生。对于学生而言,要从接受者转变为参与者,通过小组合作探究的方式参与到教学过程中去,利用信息技术手段去解决问题,通过解决问题的过程实现知识和能力的提升。

4. 汇报演示

汇报演示阶段是项目教学过程中,教学目标达成效果的一种表现形式。项目教学法最终的结果是要以成果为收尾,这个成果的表现形式有很多种,可以是一个作品,也可以通过PPT、比赛活动、展示会等方式呈现。在汇报演示阶段,以小组为单位,阐述自己的项目内容,以及在此过程中遇到的问题和心得,教师和其他小组成员根据汇报演示的情况提出宝贵的意见,帮助小组进行完善和改进。

5. 总结和评价

项目教学的总结和评价阶段,教师要根据项目的教学目标要求,进行教学效果的达成度评价。在评价的过程中,要秉承过程性评价和终结性评价的思想,对学生参与项目过程的积极性、小组讨论情况、小组项目成果等情况进行综合评价。

五、教学资源设计

项目教学的成功实施离不开丰富多样的教学资源。这些资源不仅为学生提供了直观的学习材料,同时也为教师提供了有效的教学辅助工具。因此,在教学资源设计的过程中,我们需要对现有资源进行整合和优化,以确保项目教学的顺利进行。根据《职业教育项目课程开发指南》中徐国庆的观点,我们可以将教学资源按照其功能划分为以下四类,并对其进行具体的设计。

1. 支持教学内容呈现的资源

这类资源主要用于将教学内容以图文、音视频等形式呈现给学生,以便学生更直观地理解和掌握知识。在设计时,我们需要关注资源的丰富性和多样性,确保资源内容能够准确、生动地反映教学内容。例如,我们可以利用多媒体课件、教学视频、教学图片等资源来辅助教学。

2. 展示教学内容的资源

这类资源主要用于在教学过程中展示实际案例、操作过程等,以便学生更深入地了解教学内容。在设计时,我们需要关注资源的真实性和可操作性,确保资源能够生动地展示教学内容。例如,我们可以利用实验室设备、教学模型、仿真软件等资源来辅助教学。

3. 引导教学过程进行的资源

这类资源主要用于指导教师的教学过程和学生的学习过程,确保教学活动的顺利进行。在设计时,我们需要关注资源的针对性和实用性,确保资源能够有效地引导教学过程。例如,我们可以制定详细的教学计划、教学指南、学习手册等资源来辅助教学。

4. 学生操作的资源

这类资源主要用于学生实践操作、实验等活动中,以便学生将所学知识应用于实际。在设计时,我们需要关注资源的可操作性和安全性,确保学生能够在安全、有效的环境中进行实践操作。例如,我们可以提供实验器材、实训设备、操作指南等资源来支持学生的实践活动。

在整合和优化教学资源的过程中,我们还需要注意以下几点:确保资源的更新与迭代,及时反映最新的教学理念和教学方法;注重资源的共享与利用,提高资源的使用效率和效益;加强资源的培训与推广,提高教师和学生对资源的使用能力和水平。通过以上措施的实施,我们可以为项目教学提供丰富多样的教学资源支持,确保项目教学的顺利开展并取得良好的教学效果。

六、教学评价设计

1. 教学评价设计的原则

(1) 多维度

维度是一种视角,多维度评价是指对学生综合能力的评价并非只通过分数这个单一维度。项目教学法更加侧重于学生综合能力的提升,这也是现代职业教育的培养目标。

(2) 多主体

传统教学评价是教师通过学生期末考试的情况,予以评价,评价的主体仅限于教师这个单一主体。而项目教学法更侧重于评价主体的多元性,以学生自评、学生互评和教师评价三种方式作为最终的评价参考。

(3) 重发展

评价的方式不仅仅侧重于终结性评价,还要关注阶段性评价。通过阶段性评价找出学生在这一阶段所存在的问题,以便在下一个学习阶段能够及时地调整,更好地促进学生的能力发展。

2. 教学评价的内容

(1) 知识考核

重点考核通过实施某一教学项目后,学生对于本项目相关联的知识点的掌握情况,可以通过平时作业的方式进行检测,也可以通过考试或者汇报演示时提问等方式进行检测。

(2) 技能考核

职业教育更加侧重于实践性,需要考核学生对于这一项目相关联的技能的掌握,因此需要在项目进行的过程中安排与项目相关的技能测试,检测学生是否真正消化了知识、能够运用知识解决问题。

（3）素质评价

项目教学更加侧重学生合作探究的过程中培养的沟通表达能力、组织协调能力、团队精神、吃苦耐劳精神等。因此，需要在实施项目教学后，针对学生的素质方面进行分析。

3. 教学评价的实施

（1）教学评价方式

学生自评——学生自评指的是，在项目教学的过程中，学生需要根据自己在小组协作探究过程中的具体表现予以评价，通过自我评价，学生可以反思自己在探究过程中的不足，争取在下一阶段能够有更好的表现。

小组互评——小组互评指的是，在项目教学的过程中，小组和小组之间需要根据各自在合作探究过程中的表现予以评价。这可以促进小组之间的竞争氛围，激发学生的团队意识，让各个小组也能知道自己在项目完成的过程中的优缺点。

教师评价——教师的反馈对于教学过程的进行有着非常重要的意义，教师可以根据学生在项目参与过程中的学习态度、学习效果等进行综合的评价。

（2）考核成绩

项目教学法的核心理念在于强调培养学生的全面能力，因此对教学评价提出了更全面的要求，不再仅仅聚焦于最终的考试成绩。在项目教学的实践中，教师通过巧妙设计学习情境，全面考查学生的安全纪律、学习态度、专业知识、专业技能以及团队协作等多个方面的表现。

第三节　项目教学法在"轨道交通概论"课程中的实践

一、前期准备

（一）教学内容准备

教学内容准备对于轨道交通概论课程的教学至关重要，它涵盖了从轨道交通的基本概念、发展历程、技术创新到具体案例分析、课前准备等多个方面，确保学生全面、深入地理解轨道交通的重要性和未来发展趋势，旨在提高课程的生动性、信息丰富度和学生的参与度。

课程主题：轨道交通系统的介绍。

课程目标：了解轨道交通的基本概念和发展历程；掌握各种轨道交通方式的特点、优势和应用场景；理解轨道交通在城市发展中的重要性和未来发展方向。

课程结构：引入轨道交通的定义，介绍轨道交通对城市发展的重要性；提出问题，引起学生对轨道交通的兴趣。

发展历程：介绍轨道交通的起源和发展历程，重点突出各个时期的重大事件和技术进步，列举一些具有代表性的轨道交通项目。

轨道交通方式：详细介绍不同的轨道交通方式，包括地铁、轻轨、有轨电车、高铁等。比较它们的特点、优势和适用场景。

技术创新与未来展望：探讨轨道交通领域的最新技术创新，如自动驾驶、磁悬浮等。分析未来轨道交通的发展趋势和可能的变革。

案例分析：北京地铁。北京地铁是中国首都北京的城市轨道交通系统，于1971年开通首条线路。目前，北京地铁已发展成为全球最长的地铁网之一，覆盖城市主要区域。特点和亮点：北京地铁采用多线路、多站点的设计，形成了较为完善的城市轨道交通网络。引入了自动售票机、自动检票系统等现代化技术，提高了运营效率。通过不断更新和扩建，以适应日益增长的乘客需求和城市发展。日本东京地铁。东京地铁是日本东京都内的城市轨道交通系统，拥有多条线路，服务日本首都及其周边地区。东京地铁的历史可以追溯到1927年，目前已经成为世界上最繁忙、高效的地铁系统之一。特点和亮点：东京地铁系统覆盖广泛，为居民和游客提供了方便、快捷的交通选择。引入了高度自动化和精确的时刻表管理，使得列车能够按时运行，保证了系统的准时性。在车站和车辆方面采用创新技术，提供更加安全、舒适的乘坐体验。这两个案例分别展示了中国和日本在轨道交通领域的典型代表，展示了不同国家在地铁建设和管理方面的独特经验和技术创新。引导学生思考轨道交通在城市中的实际应用。

互动环节：进行小组讨论，让学生分享对轨道交通的看法和观点。开展问答环节，激发学生对轨道交通课题的兴趣。

课前准备工作：文献调研，深入了解轨道交通的发展历程、不同方式的特点和技术创新。收集有关国内外轨道交通案例的详细信息。

教学资料准备：制作PPT，包括图表、图片、视频等多媒体资料，以增强学生的理解和记忆。准备案例分析的相关材料，确保案例能够生动有趣地呈现给学生。通过充分的课前准备，可以保证课程在教学过程中能够丰富生动、信息全面，提高学生对轨道交通的理解和兴趣。

小组讨论题目设计：准备一些引导性的问题，激发学生在小组讨论中展开深入思考。确保问题涵盖课程目标，引导学生运用所学知识。

互动环节策划：设计一些具有挑战性的问题，鼓励学生积极参与互动环节。准备应对可能提出的问题，以保证课堂流畅进行。

测试题目设计：设计简单的测试题，检验学生对课程内容的理解程度。通过测试结果了解学生的学习情况，为后续教学提供参考。

（二）教学资源准备

教学资源是促使教学过程成功进行的关键因素，因此，在正式开始前，需要整合已确定项目内容会用到的教学资源。

1. PPT演示：制作一份详细的PPT，包含轨道交通的定义、发展历程、不同方式的特点、技术创新、未来展望等内容。使用图表、图片、视频等多媒体资料，以增强学生的视觉和听觉体验。

2. 案例资料：准备关于北京地铁和东京地铁的案例资料，包括它们的发展历程、特点、技术创新以及对城市发展的影响。提供相关数据和图表,以支持课堂中的分析和讨论。

3. 实物模型或展示品:如果条件允许,可以准备一些轨道交通的实物模型或展示品,让学生更直观地了解交通工具的结构和运行原理。

4. 视频资料:寻找一些生动有趣的轨道交通视频,展示不同交通方式的运行场景、技术特点等,以吸引学生的注意力。

5. 自动化系统演示:如果涉及自动化系统,可以通过模拟或演示展示自动驾驶、自动售票等现代技术的工作原理。

6. 小组讨论题目卡:设计小组讨论的题目卡,激发学生思考轨道交通的各个方面,促进同学们之间的互动与合作。

7. 互动环节准备:准备提问环节的问题,确保问题能引导学生思考,有助于深入理解课程内容。考虑设计一些小测验或问答环节,检验学生对课堂内容的掌握程度。

8. 课后延伸阅读资料:提供一些相关的课后阅读资料,以帮助对轨道交通感兴趣的学生进一步深入了解。

9. 教学大纲和教材:准备一份教学大纲,概括课程内容和目标。确保有相关的教材,以支持学生在课后的复习和深入学习。

二、项目教学实施

(一) 课程基本信息(表 10)

表 10 轨道交通概论课程基本信息表

课程性质	专业基础课				课程属性	必修
课程学时	总学时	32	理论学时	26	实践学时	6	课程学分	2.0
开设学期	第一学期				前后续课程	前:城市轨道交通电工电子技术 后:城市轨道交通线路站场、电气控制与PLC
关联证书	无				开课部门	轨道交通工程系

(二) 课程性质

"轨道交通概论"课程作为城市轨道交通运营管理、机电技术、通信信号等专业的核心基础课程,对于所有涉及城市轨道交通系统学习的学生来说,其重要性不言而喻。通过学习本课程,学生们将能够初步建立起对城市轨道交通系统的全面认知,掌握其基本概念、结构特性以及基本的知识体系。同时,他们还将深入了解系统各组成部分的构造与功能,以及这些部分之间如何相互协作、相互影响。本课程的核心教学内容涵盖城市轨道交通的规划设计与施工、线路与线路设备、车辆系统、供电系统、通信系统、信号系统、旅客信息系统、车站设备以及运营管理等多个方面。通过学习,学生们将能够对城市轨道交通的设备及运营管理有一个全面而深入的了解,为后续的专业学习和实际工作打下坚实的基础。

(三)课程目标

1. 总目标

经过深入学习"轨道交通概论"这门课程,学生们将获得与城市轨道交通相关的一系列基础知识。这些知识涵盖城市轨道交通的整体概况、规划与设计原理、线路与车站的布局与功能、车辆技术特性、供配电系统的运行原理、信号与通信系统的关键技术、运营管理的策略与实践,以及环境控制与安全管理的重要性。这样的学习不仅为学生构建了坚实的理论基础,更为他们未来在专业课程中的深入学习奠定了良好的基础。

2. 具体目标(表11)

学生在学业结束时,具有勤奋学习的态度,严谨求实、创新的工作作风;具有良好的心理素质和职业道德素质;具有高度责任心和良好的团队合作精神;具有一定的科学思维方式和空间思维想象的能力;具有严格遵守国家标准的意识,及运用和贯彻国家标准的初步能力;具有观察事物、发现问题、分析问题、解决问题的能力。

表 11 课程教学目标与内容

毕业要求指标点	素质目标	知识目标	能力目标
初步了解城市轨道交通的线路工程、轨道结构、车辆、通信、信号系统、电传动、运营组织等等,并了解各部分之间的相互关系和作用,更全面地了解本专业,热爱本专业,为进一步学习专门化课程打下良好基础	(1)培养学生良好的沟通能力和优秀的团队协作精神; (2)培养学生科学严谨的工作态度和能力; (3)培养学生学习知识运用知识的能力; (4)培养学生诚实守信、爱岗敬业的良好职业道德素质; (5)培养学生勇于创新、与时俱进的工作作风; (6)培养学生的语言表达能力和对事物分析判断的能力; (7)培养学生自我管理的能力,使其具有良好的身心素质、健康的体魄和心理、健全的人格; (8)培养学生践行社会主义核心价值观,具有深厚的爱国情感和中华民族自豪感	(1)掌握城市轨道交通的概念及了解城市轨道交通产生和发展历史相关知识; (2)了解城市轨道工程规划设计及施工的相关知识; (3)掌握城市轨道交通线路设备相关知识; (4)基本掌握城市轨道交通车辆构造与维修相关知识; (5)基本掌握城市轨道交通供电系统相关知识; (6)基本掌握城市轨道交通通信的相关知识; (7)基本掌握城市轨道交通信号的相关知识; (8)掌握旅客信息系统的相关知识; (9)基本掌握城市轨道交通车站设备的相关知识; (10)了解城市轨道交通运营的相关知识; (11)掌握城市轨道交通常用机电设备工作原理及作用	(1)能够正确理解轨道交通的含义及发展历史; (2)能够正确分析轨道交通线路设备的种类及作用; (3)能够正确分析城市轨道交通车辆的构成; (4)能够正确分析城市轨道交通供电系统的工作原理; (5)能够正确分析城市轨道交通通信系统基本工作原理; (6)能够正确分析城市轨道交通信号系统基本工作原理; (7)能够正确认识轨道交通车站设备及其工作原理; (8)初步具有城市轨道交通运营管理的基本能力; (9)能够对城市轨道交通常用机电设备的进行故障分析

(四) 课程结构与内容

"轨道交通概论"课程是城市轨道交通相关专业中不可或缺的一门核心必修课程。该课程的宗旨在于为学生提供一个关于城市轨道交通系统的全面概览。通过学习,学生将能够深入理解城市轨道交通的各类硬件设施,包括但不限于轨道、车站及其相关设备,车辆及其维护设施,供电与牵引系统以及信号系统等,并掌握它们各自的功能和运作原理。此外,本课程与后续的一系列课程如"城市轨道交通供电技术与应用""城市轨道交通信号基础"以及"轨道交通行车组织"等紧密相连,为学生进一步学习这些核心课程打下坚实的基础,确保他们在城市轨道交通领域的学习过程中能够形成系统、全面的知识体系。本课程结构与课程内容及学时分配见表12。

1. 结构与内容

表12　课程结构与课程内容

序号	项目（任务或模块等）	知识内容	技能内容	学时安排	
				理论学时	实践学时
1	项目一 城市轨道交通及其发展	1. 理解城市轨道交通系统的内涵并识别城市轨道交通与其他交通形式的区别； 2. 了解不同类型的城市轨道交通的概念和特征,并能有效区分； 3. 了解城市轨道交通系统形成和发展的脉络和阶段	能够识别城市轨道交通系统各类形式模型	4	0
2	项目二 城市轨道交通车站及其设计	1. 掌握城轨交通车辆线路的分类和组成； 2. 了解城市轨道交通的施工方法； 3. 掌握城市轨道交通车站的类型和组成； 4. 了解城市轨道交通车站的设计原则和装饰要求	具备对城市轨道交通车站的认知能力	4	2
3	项目三 城市轨道交通线路设备与线网规划	1. 了解城市轨道交通规划的原则和内容； 2. 掌握城市轨道交通线路网与设计的基本概念； 3. 掌握轨道交通线网的基本结构； 4. 了解线路设计基本知识	能够识别线网结构类型	4	0
4	项目四 城市轨道交通车辆及其设备	1. 了解轨道交通车辆技术的发展； 2. 掌握城市轨道交通车辆机械部件的结构和原理； 3. 掌握城市轨道交通车辆电气部件的结构和原理； 4. 了解城市轨道交通车辆检修基地的布局、作用及一般检修项目	具备认识轨道交通机械部件及电气部件的能力	4	2
5	项目五 城市轨道交通车辆牵引系统与供电系统	1. 了解变电所的分类与各自的特点； 2. 了解变电所的电气设备； 3. 掌握接触网的结构形式及供电方式； 4. 了解远动监控的概念和结构	具备认识城轨交通牵引变电所及接触网基本组成的能力	4	0
6	项目六 城市轨道交通通信信号系统与通信系统	1. 掌握城市轨道交通信号设备的特点、功能； 2. 了解列车自动控制系统的组成和功能； 3. 了解城市轨道交通通信运输系统的结构特点； 4. 掌握通信传输系统组成部分的功能	具备对城市轨道交通信号系统设备的认知能力	4	2

续表

序号	项目(任务或模块等)	知识内容	技能内容	学时安排 理论学时	学时安排 实践学时
7	项目七 城市轨道交通行车管理	1. 了解列车全日行车计划的编制要素和编制过程； 2. 掌握列车交路方案的种类、各种交路的含义； 3. 了解列车各种停站方案的种类及特点； 4. 掌握列车运行图的表示和列车运行图的分类	具备初步的运行图排列能力	2	0
合计				26	6

2. 核心技能与实践项目(表13)

表13 核心技能实践安排表

核心技能清单	实践项目	主要内容与实施方式	实践课时	备注
具备对轨道交通车站的构成及轨道交通相关设备的认知能力	项目1：绘制车站用房平面示意图	认知城市轨道交通车站的构成	2	
	项目2：认识闸瓦制动和盘形制动装置	认知城市轨道交通车辆设备	2	
	项目3：转辙机的认识与操作	认知城市轨道交通通信信号系统设备	2	

（五）学生考核与评价(表14)

表14 课程考核评价方案

评价类型	考核项目	考核内容	考核形式	考核周次	评分标准	分值占比	备注
过程性评价	平时考核	考勤	课堂考勤	全程	以总次数平均计算	10%	
		表现	课堂表现	全程	以总次数平均计算	10%	
	过程考核1	完整画出车站用房平面示意图	课内实践	8	根据各种车站用房，画出示意图，并在相应位置写出准确名称，写错或少写一处扣1分	10%	
	过程考核2	根据闸瓦制动和盘形制动装置示意图，填写各部位名称	课内实践	10	准确写出闸瓦制动和盘形制动装置各部位名称，写错一处扣1分	10%	
	过程考核3	根据ZDJ9转辙机示意图，指认并填写转辙机的各部件名称	课内实践	12	准确指认转辙机的各部件名称，认错一处扣1分	10%	

续表

评价类型	考核项目	考核内容	考核形式	考核周次	评分标准	分值占比	备注
综合性评价	期末考试	根据重要知识点组卷	闭卷	19	结合试卷标准答案进行评分	50%	

（六）教学实施与保障

1. 授课教师基本要求

本课程授课教师需要有轨道交通相关专业本科及以上学历，有两年及以上轨道行业从业经历，获得专业相关资格证书，且具有良好的政治素养、专业素养。

2. 实践教学条件要求（表15）

实践教学必须有完整的备课教案、新开课教师试讲记录、教师听课记录、试卷等资料，严格执行教学管理条例。

表15　校内实践教学条件要求表

序号	实训室名称	核心设备	数量要求	备注
1	网络式交互实训室（面积要求：400 m²）	车站 AFC（城市轨道交通自动检票系统）实训区	1	120 m²
2		车站机电实训区	1	100 m²
3		OCC（运行控制中心）实训区	1	100 m²
4		车站空调系统	1	100 m²
5		车站屏蔽门	1	100 m²
6		车站消防系统	1	100 m²

3. 教学建议

（1）师资建议：对任课教师要求熟悉城市轨道交通系统各个组成部分的基础知识，能将各部分知识融合集中。专任教师应具备本科以上学历，有相关教学、学习经历。建议由经验丰富的专业课教师讲授。兼职教师要求正在轨道交通企业工作，并且具有3年以上工作经验，能够在教学过程中提出合理化的意见，提供典型案例。

（2）教学方法与手段建议：本课程主要采用讲授法、小组讨论法、教师指导法等多种教学方法，辅助采用多媒体等现代教学方法。充分调动学生学习兴趣，促进学生积极思考与实践，使学生对城市轨道交通系统有一个概括性的了解，进而促进学生职业能力的提高。通过实践教学，提高学生对城市轨道交通的认识能力。

4. 课程资源的开发与利用

（1）将该课程的电子教案，在突出重点和难点的基础上，转化为网络教学资源。该资源的建设应该由教研室具有丰富教学经验的教师共同完成、完善、更新。

（2）对该课程的网络教学资源,应该建立合理安全的网络管理权限,鼓励有丰富教学经验的老师将自己的讲课内容上传到教学资源库或教学网站,从而不断丰富教学资源、教学课件等等。

（3）鼓励学生通过上网浏览相关的其他高等院校课程资源或社会教育资源,丰富自己的交通安全管理知识,拓展自己综合分析和处理各类交通安全问题的基本能力。

结合本课程的要求,建议使用教材和资源如下(表16)。

表16 "轨道交通概论"课程资源选用表

课程资源名称	课程资源来源(网址)	课程资源类型	课程资源大小
城市轨道交通概论	icve.com.cn	网课资源	60学时

表17 "轨道交通概论"授课教案

授课题目	项目一 城市轨道交通及其发展 第一节 城市轨道交通		
授课方式	理论教学(　　) 实践教学(　　) 理实一体教学(√)		
课次	1	学时	2
教学目标	1. 素质目标:具有良好的思想品德素质、科学文化素质、专业业务素质和身体心理素质;具有爱岗敬业的工作作风;具有良好的法律意识、安全意识和环保意识。 2. 知识目标:了解城市轨道交通的概念;掌握城市轨道交通的特点及类型。 3. 能力目标:能识别依据运能范围、车辆类型和主要技术特征进行分类的各种轨道交通类型及特点		
教学重点	描述	城市轨道交通系统的组成	
	解决措施	讲授	
教学难点	描述	城市轨道交通的特点	
	解决措施	讲授	
教学设备设施	多媒体教室		
教学方法和手段	PPT讲解与课堂讨论		
教学过程及主要内容	教学环节	教学设计	时间分配
	组织教学	点名、强调课堂纪律,讲授本门课程学习的要求	10分钟
	复习旧课	无	0分钟
	导入新课	认识"轨道交通概论"的综述	10分钟

续表

教学过程及主要内容	新课教学	通过引入问题、形成对轨道交通的基本认识 1. 城市轨道交通的概念 城市轨道交通是指在城市公共客运交通系统中以电能为动力、具有固定轨道线路、配备运输车辆及服务设施的快速大运量公共交通设施和方式。 2. 城市轨道交通的特点 (1) 运能最大 (2) 准时 (3) 快捷 (4) 舒适 (5) 安全 (6) 占地少,不破坏地面景观 (7) 低污染 (8) 投资大,技术复杂,建设周期长 3. 城市轨道交通的类型 (1) 有轨电车   大连老式有轨电车　　大连现代化有轨电车   上海老式有轨电车　　上海现代化有轨电车 (2) 地下铁道	

地铁主要技术参数

序号	项目	技术参数	序号	项目	技术参数
1	高峰小时单向运送能力	30 000～70 000 人	8	安全性和可靠性	较好
2	列车编组	4～8 节,最多 11 节	9	最小曲线半径	300 m
3	列车容量	3 000 人	10	最小竖曲线半径	3 000 m
4	车辆构造速度	89～100 km/h	11	舒适性	较好
5	平均运行速度	30～40 km/h	12	城市景观	无大影响
6	车站平均间距	600～2 000 m	13	空间污染、噪声污染	小
7	最大通过能力	300 对/h	14	站台高度	一般为高站台,乘降方便

(3) 轻轨

地面轻轨　　　　高架轻轨

续表

| 教学过程及主要内容 | 新课教学 | (4) 独轨
跨坐式独轨　　悬挂式独轨
(5) 磁悬浮
常导吸型磁悬浮列车　　常导吸型磁悬浮列车悬浮原理示意图
超导斥型磁悬浮列车　　超导斥型磁悬浮列车悬浮原理示意图
(6) 新交通系统
日本自动导向交通系统　　美国新交通系统
4. 城市轨道交通系统组成
(1) 设备保障类
城市轨道交通设备系统：线路工程、车辆、通信系统、信号系统、交配电系统、接触网、自动售检票系统、车站机电设备
(2) 运营管理类
城市轨道交通运营管理：行车管理（运营调度、设备调度、车站值班员、电动列车驾驶员）、客运管理（客流组织、客运服务）、安全管理（(乘客)人身安全管理、(员工)人身安全管理、设备设施安全管理、突发事件应急处置） | |

续表

教学过程及主要内容	课堂小结	总结本门课学习重点、难点	10分钟
	布置作业	为更好学习下一章节,课后回去搜集一个最美车站的资料	5分钟
教学反思		本节课巧妙借助多媒体课件、课本插图来抓住同学们的注意力。通过观察图画、设置问题的方式,激发了同学们通过阅读自主寻找答案的兴趣,这比老师一味灌输答案要强得多	

三、教学成效总结

1. 项目教学法在高等职业院校的应用,不仅仅是一种教学手段,更是为了实现人才培养目标,适应快速变革的科技和生产方式,满足不断发展的社会市场需求的一项重要举措。当代职业教育必须时刻与产业进步和技术迭代同步,保持对时代发展需求的敏感性。在这一背景下,人才总量和结构面临着前所未有的挑战,而人才需求的巨大缺口已经成为影响产业升级和科技进步的关键制约因素。项目教学法的提出正是应对这一挑战的一种积极尝试,其性质决定了在确定项目主题时必须考虑产业结构调整所带来的内容更新。在实际实施项目教学法时,要重点关注学生的主动建构过程。学生通过参与项目的方式,不仅能够深入了解相关领域的知识,还能够培养解决实际问题的能力和团队合作精神。这种学习方式不仅有助于稳固学生的知识结构,更能够全面提升他们的整体素质。项目教学法的运用不仅是对教育方法的创新,更是对职业教育目标的有力支持。通过适应性强、实践性强的项目教学,高等职业院校能够更好地培养出适应社会市场需求的专业人才,为产业升级和科技进步贡献更多的力量。

2. 项目教学法在高职教育中的应用,不仅仅是一种教学方法的选择,更是一种体现职业教育实践性的创新。高职的项目教学课程以就业为导向,主要参照实际工作过程中的典型任务,旨在打破传统课程的纯理论灌输,鼓励学生通过"从做中学"的主动建构方式来获取知识和技能。在这样的项目教学课程中,学生被要求完成具体的项目任务,这些任务直接承载着与培养目标相关的实用知识和技能。通过亲身参与和完成项目任务,学生能够深入了解并有效地掌握所需的专业知识和实际操作技能。这不仅有助于培养学生的动手操作能力,更为其未来适应职业岗位奠定了坚实基础。在项目教学中,学生对知识的理解和运用程度明显超过传统的讲授法。这意味着项目教学法不仅能够使学生获取更实际的职业技能,还促使他们更深入地理解和应用所学的理论知识。这种实践性的学习方式更符合职业教育的本质,使学生在课程学习过程中更好地迎接职业领域的挑战。项目教学法在高职教育中的实践性体现,为学生提供了更具体、更贴近实际的学习体验。通过这种方式培养出来的毕业生不仅拥有丰富的实际经验,还具备更高的职业适应能力,有望更顺利地融入和奉献于职业领域的发展。

3. 项目教学法的应用在高职教育中不仅仅是一种教学手段,更是一场积极的变革,成功地提升了学生的学习积极性和改善了他们的学习态度。通过细致的问卷反馈,清晰展现了项目教学法在高职学校的实际效果。在引入项目教学法的课堂中,教育模式呈现出显著的革新。以往占据主导地位、专注于知识单向灌输的教师角色,现如今已经转化为指引者,致力于引导学生的思考与学习方向。而学生们,他们不再是被动的知识容器,而是积极投身于知识的探索与构建中,成为主动的知识建构者。这种转变不仅丰富了课堂的教学氛围,也极大地提升了学生的学习效率和兴趣。这种变革不仅仅是教学方式的改变,更是对学生学习方式的全面重塑。整个教学过程中,学生以小组为单位进行合作探究,这种协作方式成功地激发了学生的兴趣和爱好,让他们在探究的同时进行深入的学习。通过充分的思考和相互讨论解决问题,学生的学术表现得到实质性提高。这种教学方法不仅使学生在专注度上有显著提升,而且令他们更加主动、积极,呈现出更高的学习主动性。项目教学法的成功应用不仅仅是学术层面的胜利,更在课堂行为方面带来了积极的变化。这种教学方式的成功经验为高职教育提供了一种有效的手段,通过激发学生的兴趣和主动参与,促使他们更好地适应和融入课堂学习,为培养更具实际能力的高职学生打下了坚实的基础。

第四章 高等职业院校就业指导策略研究——以城市轨道交通专业为例

第一节 定义概念与理论基础

一、定义概念

（一）高等职业院校

高等职业院校，简称高职，乃我国教育体系内一重要分支，正式名称为高等职业教育学校。1999年，我国教育部门通过正式文件确立了此类学校的地位，并明确其与其他教育机构的职责界限。高职与传统高等院校的主要区别在于其独特的人才培养理念，即专注于培育技术精湛的应用型人才，而非仅限于学术研究。高职学生的选拔门槛相对较低，且其教育路径与未来职业方向紧密相连。当前，我国高等职业教育正蓬勃发展，高职的崛起为我国技能型劳动力的培养注入了强大动力，推动了职业教育体系的不断前进与完善。

我国高等职业院校与国外高等职业院校之间存在明显差异。在教学周期方面，我国高职院校相对紧凑，导致相应的教育资源和成本投入较低，与普通本科院校形成对比。此外，我国高职院校主要以专科为主，本科层次相对较少，而国外的一些高等职业院校已经开始提供博士学位。我国的高等职业教育仍需经历一个发展阶段，以适应不断变化的社会需求。

我国高职院校的专业架构与行业的演进方向紧密相连。在育人策略上，它们会依据就业市场的实际需要，灵活规划人才培养的蓝图，调整教学课程和实训设计，以顺应行业日新月异的变革。简而言之，我国高职院校致力于培养具有实际操作能力的技术人才，这一特色在高等教育中独树一帜，预计将在我国经济社会的持续发展中扮演关键角色。

（二）高职院校对就业的指导

就业指导是一个重要的领域，旨在帮助个体更好地理解自己的职业兴趣、技能和价值观，从而做出更明智的职业选择。这一概念最早由帕森斯提出，其发展历程紧密关联着心理学的进展，尤其是心理测验学的兴起。随着全球经济体制的变革和社会分工的深化，各国对于就业指导的认知逐渐深入。这一过程不仅仅是为了帮助个体找到当前的职业方向，更是认识到职业选择是一个持续演变的过程。个体的职业发展不是一次性的、静态的，而是一个动态的、不断调整的过程。

在这个背景下，就业指导的作用逐渐演变成贯穿整个职业生涯发展的全过程。它涉及对个体兴趣和能力的评估，提供相关的职业信息，引导职业规划，甚至涉及在职业生涯中的转变和发展。这样全面的服务有助于个体更好地适应不断变化的职业环境，使其在职场中更具竞争力。总体而言，就业指导不仅仅关乎当前的职业选择，更关注个体职业生涯的长期发展。通过深入了解个体的需求和目标，以及时刻关注职业市场的动态变化，就业指导能够为个体提供持续的支持，使其职业生涯更加成功和充实。

各国对于就业指导内涵的定义呈现出多样性，反映了不同文化和体制下对这一领域理解的多元性。在美国，就业指导被看作帮助学生进行职业选择的过程，着重于对个体的职业发展和求职技能的培养。与之不同的是，苏联社会学家将就业指导理解为社会过程，包括职业信息、咨询服务、人员选择和职业适应等多个方面，凸显了对社会整体劳动力资源的管理。

就业指导在我国是一个全方位、多层次的综合性服务，它不仅仅是一个简单的信息提供过程，更是为求职者提供个性化、专业化支持的重要渠道。这一服务由专门的就业指导机构负责，致力于帮助求职者实现职业理想，为他们的职业生涯描绘出清晰的蓝图。就业指导的核心目标是帮助无业者找到适合的工作，使他们能够尽快融入社会，实现自我价值。同时，对于已经在职的个体，就业指导则致力于帮助他们更加敬业，激发他们的工作热情，并引导他们在职业生涯中不断进步，最终实现自我价值的最大化。此外，对于那些有创业梦想的求职者，就业指导也会提供必要的支持和指导，帮助他们将梦想变为现实。在就业指导的内容上，它涵盖了从职业目标设定到求职技能培训的全方位服务。首先，就业指导会帮助求职者明确自己的职业目标，并根据他们的兴趣、能力和市场需求，为他们制定切实可行的职业发展规划。其次，就业指导会收集和提供广泛的社会需求信息，包括各类招聘信息、行业发展趋势等，帮助求职者了解市场需求，为他们提供更多的就业机会。同时，就业指导还会为求职者提供必要的求职技能培训，如简历制作、面试技巧等，提高他们的求职成功率。

此外，就业指导还特别强调对求职者的思想教育和心理辅导。它引导求职者树立正确的就业观念，培养正确的求职道德，并帮助他们调整心态，以更加积极、自信的态度面对就业市场。在就业过程中，求职者难免会遇到各种困难和挫折，就业指导会为他们提供必要的心理支持和帮助，帮助他们渡过难关。在我国，就业指导还特别注重与国家就业政策的紧密结合。它积极宣传国家就业政策，引导求职者了解和遵守相关政策规定，确保他们的就业过程符合国家政策要求。同时，就业指导还会根据国家政策的变化，及时调整服务内容和方式,为求职者提供更加及时、有效的服务。就业指导在我国是一个充满人文关怀、服务内容丰富的过程。它不仅仅是一个简单的信息提供过程,更是为求职者提供全方位、多层次支持的重要渠道。通过就业指导的帮助和支持,求职者可以更加明确自己的职业目标和发展方向,提高自己的就业竞争力和职业素养,实现自我价值的最大化。

高职院校还通过组织校园招聘会等形式,为学生提供岗位推荐和直接的就业机会,促进学生与用人单位的对接。通过问卷调查、实地走访等手段,学校积极进行毕业生就业质量跟踪调查和服务,旨在更深入地了解毕业生在职业生涯中的发展情况,并为其提供更有针对性的支持和帮助。这种综合性的就业指导工作旨在确保学生在毕业后能够更顺利地融入社会,同时也符合社会主义国家对于人才培养和社会发展的整体目标。通过全方位的培训和服务,我国努力为学生创造更加有利的就业条件,使其在社会主义制度下充分发挥其专业能力和社会责任感。

二、理论基础

(一) 人职匹配的理论

人职匹配理论的核心在于强调人与人之间的多样性和差异性。每个人都有其独特的个性、天赋和专长,而各种职业则因其特定的工作性质、环境及条件,对从业者有着各自独特的知识储备、技能水平、职业性格和心理素质等方面的要求。在人员选拔和职业指导过程中,必须深刻理解和尊重这些差异,以确保能够根据每个人的个性、天赋和专长来精准匹配最适宜的职业岗位,这就是人职匹配理论的实践应用。人职匹配理论强调了在职业选择和发展过程中,应该更注重个体的独特性。通过深入了解个体的知识、技能、能力、性格和心理素质等方面,可以更准确地评估其适应不同职业的能力和倾向。这种个性化的匹配有助于提高个体在特定职业中的工作满意度和表现。

在人员选拔方面,理解个体的个性特征并将其与职业的要求相匹配,可以更有效地筛选出适合岗位的候选人。在职业指导方面,帮助个体了解自己的个性特征,明晰适合的职业方向,有助于提高职业生涯规划的有效性和成功率。总体而言,人职匹配理论为个体和组织提供了更科学和个性化的方法,以更好地适应多样化的职业环境和需求。通过充分考虑个体与职业之间的差异,能够更好地实现人才的合理配置,促使个体在职业生涯中更好地发展和融入。

人职匹配理论涵盖了两个具有显著影响的观点,即"特性-因素论"和"人格类型论"。前者源于帕森斯的职业指导三要素思想,由威廉姆森进一步发展而成。这一理论强调了个体之间的差异性,认为人的特性是可以经过科学测量的,每个人都拥有独特的人格特质和能力模式,从而使其更适合特定的职业。在实施人职匹配时,该理论提倡通过科学手段测量个体的特性,以便将其与最适合的职业相匹配,实现个体与职业之间的双向发展。理论认为,个体在擅长的工作中能够充分发挥潜力,而适合个体的工作则能够有效推动其职业发展。而由霍兰德提出的"人格类型论"更加关注职业选择与个体人格之间的关系。人职匹配理论主张职业选择是个体人格的一种自然延伸,即个体在选择职业时往往会倾向于与自身人格特质相契合的领域。在人格和人格发展的历程中，选择同一职业的人往往展现出某种程度的相似性。根据这一理论，个体在职业上的满意度、职业发展的稳定性和成就感，很大程度上取决于其人格特质与职业环境特征的匹配程度。当个体的人格特质与所从事职业的要求高度契合时，他们更有可能在工作中获得满足感，实现个人价值，并在职业道路上取得稳定的进步和成就。因此，实施人职匹配时应重点考虑个体的人格类型，以便更好地理解其职业发展倾向。霍兰德在《职业决策》中详细描述了这六种人格类型与相应职业的关系，为深入了解个体的职业发展提供了有力的理论支持。综合而言，人职匹配理论通过这两个关键观点，强调了个体差异的存在，并为实现人才与职业之间的有效匹配提供了有益的理论基础。

人职匹配理论着重指出了每个个体在能力和人格特质上的独一无二性，同时每种职业也拥有其特定的需求和特征。基于这一理论，职业指导的核心使命在于帮助个体识别并找到与其独特特质相契合的职业，从而确保个体与职业之间达到最佳的匹配状态。这样的匹配不仅有助于个体在工作中发挥最大潜力，还能带来更高的职业满意度和成就感。这种匹配关系的建立有助于个体在职业领域中取得更好的发展和成就。这种理论为职业指导提供了科学的基础，使其更具实用性和针对性，有助于提高个体职业决策的准确性和成功率。

人职匹配理论的重要性在于强调了个体与职业之间的个性化匹配关系，为个体提供了更有针对性的职业发展建议，进而促使个体更好地适应和融入职业环境。在国内学术界，这一理论备受认可和推崇，为职业指导实践提供了坚实的理论基础。

（二）职业发展的理论

职业发展理论是对个体职业发展进行阶段性探讨的理论体系，其中以哈佛大学职业管理学者舒伯的职业发展理论为代表。在20世纪50年代，舒伯以独特的视角对个体生涯发展进行研究，并在该领域做出创新性的贡献。他在综合其他学者的研究成果的基础上，提出了根据人生不同阶段划分职业生涯的理念，并在每个阶段进一步划分若干个小阶段。舒伯深入研究了人的职业生涯，将其精心划分为五个紧密相连的阶段。在职业生涯的旅程中，每个阶段所积累的经验和知识都会对下一个阶段产生深远的影响，为个体在职业道路上的成长和发展奠定坚实的基础。成长阶段强调个体在儿童和青少年时期的学习和发展；探索阶段涉及对不同职业选项的探索和认知；确立阶段关注个体在特定领域内建立起职业身份；维持阶段强调职业生涯的稳定和深化；衰退阶段则关注个体对职业生涯的适应和调整。这一理论体系通过对个体在不同职业生涯阶段的发展轨迹进行深入研究，为个体提供了更系统和全面的职业规划和发展指导。在这一理论框架下，每个个体都被视为处于一个动态变化的职业发展过程中，需要根据自身的经历和目标来灵活应对每个阶段的挑战和机遇。

在职业生涯的旅途中，我们既是工作者也是生活的参与者。每个角色都是人生画卷上不可或缺的一笔，共同构建了我们完整的自我。随着时光的流转，我们会在不同的阶段扮演多重角色，每个角色都伴随着新的责任和挑战。面对这些角色的转变，我们需要展现智慧和勇气，不断调整自我，适应新的环境和要求。同时，我们也要承担起每个角色所赋予的责任,用担当和行动书写属于自己的人生篇章。职业生涯不仅是一段工作经历的积累,更是个人成长和完善的过程。让我们珍惜每一个角色,全力以赴,成就一个更加丰富多彩的人生。

舒伯的职业发展理论在此情境下成为一盏指引明灯,为个体提供了深入洞察自我职业生涯阶段的清晰框架。它不仅帮助个体识别当前所处的职业阶段,还使个体能够理解自己的定位,并预测未来职业生涯中可能转换的位置。此外,该理论还为个体指明了实现整个职业生涯目标的路径和策略,为他们的职业发展提供了有力的支持和指导。这一理论使个体能更好地理解和应对职业生涯中的多重角色,为职业规划提供了有益的指导。通过深入理解自身所处的职业生涯阶段和相关角色,个体能更全面地规划和发展自己的职业生涯,更好地适应生活中不断变化的需求和责任。

高等职业院校的学生们即将踏入职场,高职期间的学习是他们职场之路的重要一环。在这个阶段,学生们得以深入发掘自身的兴趣点和潜能,全力学习并锤炼各项专业技能。此外,他们还能通过投身社会实践活动,收获不可多得的社会历练。这一探索期不仅是学生们明确自己职业方向的关键时刻,更是对工作能力进行全面自评的宝贵机会。在此期间,借助系统的就业技能教育,学生们可以为进入职场做好准备,从而确保能够找到与自身能力和兴趣相契合的职业岗位。关注点主要集中在个体是否能在这一重要时段内做出明智的职业选择,为未来的职业发展奠定坚实的基础。通过职业规划和指导,确保个体在这个关键时期能够清晰地了解自己的兴趣和优势,形成明确的职业方向,并在求职过程中展现出对职业的深刻理解和自信从容的态度。这一阶段的努力旨在帮助学生充分发挥潜力,迈出职业生涯成功的第一步。

就业指导与就业率之间存在着密不可分的关系。有效的就业指导能够为学生提供职业发展的方向和建议,帮助他们更好地了解市场需求和自身定位,从而提升求职技能和竞争力。通过个性化的职业规划和策略指导,学生能够在求职过程中更加精准地定位目标岗位,增加成功获得就业机会的可能性。因此,高质量的就业指导是提高就业率的关键因素之一,对于促进毕业生的顺利就业和职业发展具有重要意义。

第二节　高职院校对城市轨道交通专业学生开展就业指导工作的现状

培养拥有全面技能和高素质的人才,是我国实现经济与科技持续繁荣的坚实基石。为满足这一需求,在培养学生时强调技能和特定领域的深度培养,旨在使学生更好地适应不同行业的需求和挑战。本节从高等职业院校就业指导的现状出发,总结了高职院校学生的就业状态,并详细阐述了我国相关行业对技能型人才的招聘需求和未来发展趋势。在细致审视高职院校学生就业现状的过程中,我们对比了当前就业市场与相关行业对技能型人才的具体招聘需求以及未来的发展趋势。这一对比分析揭示了高等职业院校在就业指导方面存在的一系列问题,并促使我们深入挖掘这些问题的根本原因。该研究旨在深刻理解学生在就业市场上的处境,为高等职业院校提供更加有效的就业指导策略,以更好地满足社会对不同领域高素质人才的迫切需求。通过详尽剖析问题及其成因,研究者有望提出切实可行的建议,为高职院校学生提供更为精准和有针对性的就业支持,推动其更好地融入职场并为社会发展作出积极贡献。

一、就业指导工作开展状况

(一)高等职业院校的就业指导状况

高等职业院校正在经历由传统学历教育向更加注重就业能力培养的模式转变。尽管我国高等职业院校已经逐渐认识到就业指导的重要性,增加了在这方面的投入,但对于就业指导工作的关注仍显不足。当前,高等职业院校在推进以就业为导向的就业指导工作时,尚缺乏足够深入的认识和理解。这一问题导致就业指导工作往往呈现为"临时性"和"非专业化"的状态,缺乏系统性和持续性的规划与实施。这种就业指导模式不仅难以有效满足学生的个性化需求,也难以适应快速变化的就业市场环境。因此,高等职业院校需要加强对就业指导工作的重视,提升对"系统化"理念的认知,确保就业指导工作能够持续、专业、有效地进行。这表明高校有必要加强对学生的职业发展支持,以更好地满足社会对不同领域高素质人才的需求。通过深入了解问题根源,高等职业院校可以制定更有效的就业指导策略,提升学生的就业竞争力和职业发展潜力。高职院校的就业指导工作状况主要体现为以下几种情况。

1. 当前,高职院校的招就中心在推动学生就业和职业发展的道路上遇到了显著的挑战,导致它们难以充分发挥其应有的关键作用。一方面,招就中心在提供就业指导服务时,往往缺乏深度和个性化,无法满足学生多样化的职业规划和发展需求。另一方面,由于缺乏持续性和长期性的职业规划指导,学生在面临就业市场时显得准备不足,难以快速适应并融入职场。此外,招就中心在组织结构和资源方面也存在一定的限制。由于经费和人力资源的紧张,招就中心难以深入开展市场调研、职业培训和实习基地建设等工作,无法为学生提供全面、有效的职业发展支持。教学内容与市场需求的脱节也是一个重要的问题。高职院校的教学内容往往滞后于市场变化,导致学生所学的技能和知识无法满足企业的实际需求,从而影响了他们的就业前景。师资力量不足也是制约招就中心作用发挥的一个关键因素。由于缺乏具有丰富行业经验和教学经验的教师,招就中心在为学生提供职业咨询、就业指导和实践机会等方面显得力不从心。最后,学生素质的差异大以及与企业的合作不够紧密也影响了招就中心的工作效果。学生的多样性和个性化需求使得招就中心在提供服务时面临更大的挑战,而与企业合作的不紧密则使得招就中心在为学生提供实习和就业机会时显得力不从心。高职院校的招就中心在促进学生就业和职业发展方面仍需加强建设,以克服当前面临的种种挑战。

2. 就业指导师资队伍建设问题的根本在于一些高等职业院校过度依赖兼职就业指导师,而专职人员相对较少。这一情况直接导致就业指导队伍的整体规模有限,同时也降低了其专业水平。由于专职就业指导师的不足,高职院校在就业指导方面面临着明显的水平限制。近年来,一些学校试图改善这一状况,将专业教师纳入就业指导师资队伍。然而,这一尝试也面临一系列困难。专业教师因缺乏就业指导工作的政策支持,精力多集中在专业教育,而对就业指导课程的投入较少。在这种情况下,由于师资力量的专业化程度不足,高等职业院校在就业指导工作方面面临着困境。缺乏专业支持的就业指导师难以提供有效的职业规划、求职技能培训等服务,使得学生在面对职业发展时缺乏足够的指导和支持。这不仅对学生个体产生了负面影响,也制约着整个高职院校就业工作的深入开展。因此,亟须通过政策制定和资源投入等手段,加强就业指导师资队伍建设,提升其专业水平,从而更好地满足高职院校学生的职业发展需求。

3. 就业指导课程的建设问题显然是一个亟待解决的挑战。尽管教育部在2007年发布了《大学生职业发展与就业指导课程教学要求》,明确要求高校将就业指导课程纳入教学计划,但在实施过程中却暴露出一系列问题。首先,思想认识不足成为制约就业指导课程发展的一大障碍。部分高校未能充分认识到就业指导课程在学生职业发展中的重要性,导致对课程的关注和投入不够。此外,教学形式和内容的不完善也是制约因素之一。缺乏创新性和多样性的教学方法,以及内容单一、缺乏实用性的情况,使得学生难以从课程中获得足够的实际帮助。其次,师资队伍的不稳定也是制约就业指导课程的重要问题。教师的离职率较高,缺乏专业化的师资支持,直接影响到课程的连续性和质量。要解决这一问题不仅需要加强对教师的培训和支持,还需要完善相关的激励机制,以提高师资队伍的稳定性。最后,一些高等职业院校"闭门造车",未能与企业建立有效的合作关系,使得就业指导课程与实际就业市场脱节。这导致课程内容缺乏针对性,无法及时调整以适应市场需求的变化,最终导致学生对课程的满意度降低。

要解决上述这些问题需要全面提升高校对就业指导课程的重视程度,加强教师培训和激励机制的建设,改进教学形式和内容,推动学校与企业的深度合作,确保就业指导课程更加贴近实际需求,为学生提供更为有效和实用的职业指导。这样一来,就业指导课程才能真正发挥作用,帮助学生更好地应对未来的职业挑战。随着校园信息化建设的不断推进,高等职业院校的就业信息化服务正迎来新的发展阶段,不仅在数量上呈现逐渐增多的趋势,而且在提升就业服务质量方面取得了显著的进展。部分学校积极借助信息化手段,引入了各种创新的就业服务信息设施,如就业报刊、职业资源图书馆等,以丰富就业服务的形式,更全面地满足学生的需求。值得注意的是,大多数高等职业院校已经建立了自己独立的就业信息服务系统,典型的例子包括各类就业App。通过这些系统,学生可以方便地登录,及时获取相关的就业服务信息,如就业政策变化、招聘职位信息等。这一创新性的举措不仅提高了信息传递的效率,也使得学生在就业准备阶段能够更加全面、及时地了解到市场动态,从而更有针对性地规划自己的职业发展方向。

此外,就业政策的宣传途径和就业信息的发布渠道得以进一步拓宽,为学生提供更加丰富的就业服务内容。这意味着学生可以通过多种途径获取信息,包括学校内部的宣传渠道、外部合作伙伴的信息发布以及线上平台的资源整合等。这种多元化的信息获取方式有助于学生更全面地了解不同行业的发展趋势和就业机会,为他们的职业决策提供更有力的支持。因此,可以明显看出,高等职业院校的就业信息化服务在途径增多的同时,也在服务质量上有所提升。这种进步不仅有助于学生更便捷地获取与就业相关的信息，还进一步促进了就业服务的实效性，为学生的职业发展提供了更为有力的支持。

（二）当前高等职业院校学生的就业准备情况

高等职业院校的就业指导面临多方面的挑战，其中学生自身的态度和行为是其中一个直接影响因素。高职院校学生在面对就业时普遍呈现出被动和消极的倾向，这主要表现在对个人性格、兴趣和能力等方面缺乏充分的评估。这种情况导致学生在就业准备阶段难以准确把握自身的优势和劣势，从而影响了他们在求职过程中的自信和定位。另一个问题是学生对意向单位的人才需求趋势了解不足。缺乏对就业市场的深入了解，学生在选择职业方向时可能受制于主观臆断，难以做出明智的决策。对于就业市场缺乏了解可能导致学生选择与个人兴趣、专业特长不符的职业方向，从而增加了就业的不确定性和困难度。此外，学生在选择职业时表现出较低的积极性和主动性。可能由于对职业市场的认知不足或对求职流程的不了解，部分学生在求职过程中表现出懒散懈怠的现象。这种态度可能影响他们的求职效果，使得机会流失。

由于自我定位的不准确，高职院校学生在就业准备方面存在明显的认知缺失。当前国家经济正处于迅猛发展的阶段，相关企业对于人才的渴求也逐年增强，为学生们提供了充足的职业机会。但在这一看似光明的就业前景下，许多学生却未能对自身条件进行充分的理性评估与深思熟虑，导致在求职过程中出现了期望过高而实际能力不匹配的现象。具体而言，一些学生过于乐观地对待自己的就业前景，过分确信能够轻松获得相关企业的录用，导致在面试过程中态度较为轻慢，甚至忽视了就业信息准备和材料准备的关键性。在面试前，部分学生未能认真制作个人简历，最终失去了与心仪企业合作的机会。此外，一些学生过度依赖家人和学校的"安排"，期望企业会主动"要人"，而不主动积极地主动关注就业信息，显露出缺乏主动性的倾向。这种就业准备不足的状态，加上心态浮躁和实践经验匮乏，成为当前大部分学生的普遍就业现状。因此，为了更好地迎接就业的"春天"，学生需要加强对自身状况的理性认知，提高对求职过程的重视程度，积极参与实践活动，以更好地适应和把握就业市场的机遇。

高职院校学生在求职过程中普遍面临职业定位模糊和期望过高的挑战，具体表现为对就业市场认知不足，对工作环境、吃与住等问题提出不切实际的高要求，尤其在地域选择上更倾向于家乡附近，这在一定程度上限制了他们的就业选择范围。另一方面，在选择工作单位时，学生更倾向于选择那些发展历史悠久、规模庞大的国有企业，或者是工资待遇较高、福利优厚的大型私企。相对地，对于发展较晚、规模较小的公司则表现出较低的关注度。这种偏好可能导致他们对一些潜在机会的忽视，而更多地将关注点集中在已知大企业的竞争上。学生对就业的期望值过高，导致了竞争激烈的现象，有时甚至错失了适合自己的就业机会。这种竞争激烈的局面可能让一些学生感到压力倍增，而丧失了更多拓宽职业视野、寻找更适合自己发展的可能性的机会。因此，为了更好地应对就业挑战，学生需要更全面地了解就业市场，调整合理的就业期望，同时关注多样化的职业机会，以提高自己的竞争力。

高等职业院校学生在面对就业时，往往呈现出一系列错综复杂的心理状况。这些心理状况源于对未来职业发展的不确定性、个人能力的评估不足以及对社会就业环境的认知偏差。一方面,学生可能因对就业市场的未知和竞争压力而感到焦虑和不安,担心自己能否找到合适的工作岗位,以及是否具备胜任工作的能力。这种焦虑情绪会影响他们的自信心和决策能力,使他们难以做出明智的就业选择。另一方面,一些学生可能因个人兴趣与专业不匹配、对一线技术岗位的不感兴趣等原因,而产生自卑和抵触心理。他们可能不愿意从事与所学专业相关的工作,但又担心无法胜任其他领域的工作,从而陷入就业困境。这种心理冲突使他们感到困惑和迷茫,难以确定自己的职业方向。此外,高等职业院校学生在就业过程中还可能表现出盲从和冲动的心态。他们可能受到周围人的影响,盲目追求热门行业和热门岗位,而忽视了自己的兴趣和特长。同时,一些学生在求职过程中可能过于冲动,缺乏计划和策略,导致错失良机或做出错误的选择。为了帮助学生更好地应对就业挑战,我们需要关注他们的心理状况,提供必要的心理支持和指导。通过帮助他们树立正确的职业观念、增强自信心、提高就业竞争力等方式,引导学生做出明智的就业选择,实现个人职业发展的目标。

在当今这个竞争激烈的就业市场中,高等职业院校的学生在追求职业道路时,除了需要面对传统意义上的技能挑战和专业知识考核外,还遭遇了一系列新的问题。这些问题中,尤为突出的便是学生身体素质的欠缺以及他们普遍缺乏吃苦耐劳的精神。首先,身体素质的欠缺成为不少学生就业路上的绊脚石。随着现代生活节奏的加快和数字化、智能化的发展,很多学生在日常生活中缺乏足够的体育锻炼,导致体能下降,甚至部分学生还出现了健康问题,如肥胖、心血管疾病等。这使得他们在面对需要一定身体素质支撑的工作岗位时显得力不从心,影响了就业竞争力。其次,缺乏吃苦耐劳的精神也成了这些学生面临的一大难题。在快节奏、高压力的职场环境中,吃苦耐劳的精神是每一个职场人士必备的素质。然而,由于现代家庭环境和教育方式的改变,很多学生在成长过程中缺乏锻炼和磨砺,导致他们在面对困难和挑战时缺乏足够的毅力和韧性,容易放弃或逃避。这种精神状态的缺失,使得他们在就业市场上难以适应高强度、高压力的工作环境,影响了他们的职业发展。高等职业院校的学生在就业时不仅需要注重专业知识和技能的积累,还需要关注自身身体素质的提升以及吃苦耐劳精神的培养。只有这样,他们才能在激烈的就业市场中脱颖而出,实现自己的职业梦想。

订单班的学生在培养结束后未能按照约定前往订单企业工作,这一缺乏诚信的行为不仅对企业和学校造成了极大的损失,还对学生的个人发展和社会声誉带来了负面影响。从企业的角度来看,他们投入了大量资源培养学生,学生的违约行为直接导致资源的浪费,并可能损害企业在行业内的声誉,打乱其招聘和培训计划。对于学校而言,这种违约行为可能破坏与企业的合作关系,影响学校的声誉和招生工作,同时需要学校反思和加强对学生诚信教育的重视。对于学生个人而言,缺乏诚信的行为不仅可能阻碍其职业发展的道路,还可能带来道德压力和被降低社会信任度。因此,为了维护企业和学校的利益,保障学生的个人发展,加强诚信教育、完善合同条款、建立违约惩罚机制以及加强沟通和监督等措施显得尤为重要。通过这些努力,我们可以共同营造一个更加诚信、和谐、有利于个人和社会发展的环境。

综上所述,目前高等职业院校学生就业准备存在一系列突出问题,包括学生就业态度和行为消极、自身定位不准确、就业期望过高、就业心理复杂以及身体素质和吃苦耐劳精神不足等。因此,迫切需要进行更专业化、细致化和个性化的就业指导,以便更好地应对这些挑战。尽管高等职业院校已经开始加强就业指导工作,实施了一系列措施,例如尝试改进就业指导师资队伍,进一步提升就业信息化服务的质量等,然而仍然需要深入研究学生的就业指导情况,机构设置、人员配置以及就业指导课程建设等方面仍需要完善和加强。在机构设置方面,可以考虑建立更灵活的就业指导机构,更好地适应学生的需求。在人员配置方面,要确保配备拥有丰富经验的专业人才,能够提供更专业的就业指导服务。就业指导课程的建设应更贴近实际需求,注重培养学生的就业能力和实际操作技能。只有通过更为细致和个性化的改进,高等职业院校才能更有效地解决学生在就业准备方面的问题,提高他们的就业竞争力,使就业指导更符合实际需求,能更有效地促进学生成功就业。

二、城市轨道交通专业所在行业人才需求的特征

随着城市化进程的加速和交通拥堵问题的日益严重,城市轨道交通作为一种高效、环保、安全的公共交通方式,受到了越来越多城市的青睐。作为支撑城市轨道交通发展的重要基础,专业人才的需求也日益凸显。本文旨在详细分析城市轨道交通专业所在行业的人才需求特征,为相关人才培养和招聘提供参考。

城市轨道交通专业所在行业的人才需求具有以下几个方面的总体特征。专业技术性强:城市轨道交通系统涉及多个专业领域,包括工程建设、运营管理、设备维护等。因此,对专业人才的要求非常高,需要其具备扎实的专业知识和实践技能。综合素质要求高:除了专业技能外,城市轨道交通专业人才还需要具备较高的综合素质,包括良好的沟通能力、团队协作能力、创新能力等。这是因为城市轨道交通系统的运营需要多部门、多岗位的协同工作,需要人才具备较高的综合素质来适应复杂的工作环境。安全意识强:城市轨道交通系统作为公共交通的重要组成部分,安全是其首要考虑的因素。因此,对于专业人才的安全意识要求非常高,需要他们具备严谨的工作态度、高度的责任心和安全防范意识。学习能力强:随着科技的不断发展,城市轨道交通系统也在不断更新换代。专业人才需要具备较强的学习能力,以便能够及时掌握新技术、新方法,适应行业发展的需求。

城市轨道交通专业所在行业的人才需求具体特征分析。工程建设方面:城市轨道交通系统的建设需要大量的工程师和技术人员参与。他们需要具备土木工程、机械工程、电气工程等方面的专业知识,能够熟练掌握施工图设计、施工现场管理、质量控制等技能。同时,他们还需要了解相关的法律法规和标准规范,确保工程建设符合国家和行业的要求。运营管理方面:城市轨道交通系统的运营管理需要一批具备高度专业素质的人才。他们需要掌握列车调度、客运服务、票务管理等方面的专业知识,能够熟练进行运营计划制定、客流预测、应急处置等工作。此外,他们还需要具备较强的协调能力和沟通能力,能够与各部门、各岗位进行有效的沟通和协作。设备维护方面:城市轨道交通系统的设备维护是保障系统正常运行的重要环节。专业人才需要具备电气、机械、自动化等方面的专业知识,能够熟练掌握设备的安装、调试、维修和保养等技能。同时,他们还需要具备较强的

分析问题和解决问题的能力,能够及时排除设备故障,确保系统的正常运行。沟通能力:城市轨道交通系统的运营需要多部门、多岗位的协同工作。因此,专业人才需要具备良好的沟通能力,能够与各部门、各岗位进行有效的沟通和协作。他们需要能够清晰、准确地表达自己的意见和想法,同时也需要能够理解和接受他人的意见和建议。团队协作能力:城市轨道交通系统的运营需要多个部门、多个岗位的紧密协作。专业人才需要具备较强的团队协作能力,能够积极参与团队工作,与团队成员共同完成任务。他们需要能够理解和尊重他人的工作成果,同时也需要能够主动承担自己的责任和义务。创新能力:随着城市轨道交通系统的不断发展,新的技术、新的方法不断涌现。专业人才需要具备较强的创新能力,能够不断学习和掌握新技术、新方法,为城市轨道交通系统的发展提供新的思路和解决方案。他们需要敢于尝试、敢于创新,能够在实践中不断探索和总结经验。城市轨道交通系统的安全是首要考虑的因素。专业人才需要具备较强的安全意识,能够时刻关注系统的安全状况,及时发现和排除安全隐患。他们需要遵守相关的安全规定和操作规程,确保自己的行为不会对系统安全造成任何影响。同时,他们还需要具备较强的应急处理能力,能够在紧急情况下迅速做出正确的决策和应对。随着科技的不断发展和城市轨道交通系统的不断更新换代,专业人才需要具备较强的学习能力。他们需要不断学习和掌握新技术、新方法,以适应行业发展的需求。他们需要关注行业动态和技术发展趋势,及时了解和掌握最新的技术和管理方法。同时,他们还需要具备较强的自学能力和自我提升意识,能够主动寻求学习和进步的机会。

城市轨道交通专业所在行业的人才需求特征主要体现在专业技术性强、综合素质要求高、安全意识强和学习能力强等方面。这些特征共同构成了城市轨道交通专业人才需求的全面性和复杂性。为了满足这些需求,相关高校和培训机构需要加强对城市轨道交通专业人才的培养和训练,提高他们的专业素质和综合素质。同时,企业也需要加强对人才的招聘和选拔工作,确保能够吸引和留住一批具备高度专业素质的人才来支撑城市轨道交通系统的发展。

三、高等职业院校就业指导革新:聚焦专业化、特殊化、实效化

目前,高等职业院校积极探索以求生存,贯彻"始终保持领先,持续创新,以独特与卓越立于不败之地"的理念。在现代社会,高等职业院校在就业指导方面扮演着至关重要的角色。它们不再满足于传统的就业指导模式,而是更加注重对相关行业的深度研究。通过对行业趋势、市场需求以及企业用人标准的细致分析,学校不断调整师资力量和课程设置,以适应行业发展的快速变化。在个性化与专业性的提升上,学校致力于提供定制化的就业指导服务,结合学生的专业背景、兴趣特长和职业规划,为他们量身定制就业方案。这种精细化的服务模式旨在更好地满足学生和企业的实际需求,促进人才与行业的有效对接,为社会培养更多高素质、专业化的技能人才。

(一)就业指导工作在高等职业院校中受到的关注度不足

我国高等职业院校的发展脉络,实际上可以追溯到中等职业学校。这种历史渊源在

一定程度上塑造了这些院校在就业指导理念上的"局限性"或"片面性"特点。随着高等职业院校规模持续扩张，招生人数也呈现显著增长，而随之而来的便是日益突出的供需矛盾。尽管这些院校在加大就业指导工作投入方面已有一定成效，但对此项工作的重视和关注程度仍须进一步强化和提升。在这一背景下，高等职业院校需要更深刻地认识到就业指导的重要性。仅仅投入并不足以解决问题，还需要在理念上实现转变，更加注重长远规划，为学生提供全面、个性化的就业指导服务。这样的改变不仅能更好地满足学生的实际需求，还有助于提高高等职业院校在社会中的声誉和地位。

高等职业院校就业指导机构服务能力的不足是当前亟须解决的问题。尽管近年来这些学校在就业服务架构方面有了显著的提升，普遍在校级层面设立了就业工作组，然而，由于高职院校对就业工作缺乏顶层设计，将希望寄托于老师使用个人资源为学生找工作，致使教师工作任务被迫加重。这种状况使得就业帮扶工作在实践中削弱了其应有的就业服务功能。招就处未能对就业市场进行深入的研究和洞察，无法全面把握就业趋势，也未能切实从学生的角度出发进行思考，因此，就业帮扶的核心职责未能围绕提升学生的就业竞争力为中心。这种情形导致了就业帮扶在服务效能上出现问题，使得毕业生的实际能力与市场需求之间存在一定程度的错位。为了改变这一局面，高等职业院校需要更加重视就业指导工作，将其作为学校管理的重要组成部分，确保就业指导中心有足够的资源和支持。同时，应该加强对就业市场的深入调研，及时了解就业形势，以便更好地为学生提供有效的就业服务。此外，需要重新审视就业指导工作的核心职能，确保其紧密围绕提高学生就业能力这一中心思想展开，从而更好地满足毕业生和市场的需求。只有通过这些努力，高等职业院校才能够有效缩小毕业生能力与市场需求之间的差距，使就业指导机构真正发挥其应有的作用。

高等职业院校在就业指导人员配置方面存在明显不足，这一困境在学生数量不断增加的情况下显得尤为突出。随着社会对就业服务工作品质期望的持续升级，高等职业院校在就业指导工作上面临着严峻的挑战，其中，有效的帮扶政策的缺失已成为阻碍其有效推进的一个显著瓶颈。这一状况的根本原因在于学校对学生就业指导工作不够重视，导致就业指导人员的身份在学校内部不够明确，职称发展受到了限制。由于缺乏相关政策的支持和倾斜，就业指导工作在校内教师或其他人员中的吸引力较低，很少有人愿意专门从事就业指导工作。这种情况使得高等职业院校的就业指导人员配置相当匮乏，无法满足日益增长的学生需求。为了解决这一问题，高等职业院校迫切需要重新审视并加强对就业指导工作的重视程度。建立相关的政策支持体系，提供更多的职称发展机会，使得从事就业指导工作更具吸引力。此外，可以探索设立专门的就业指导人员岗位，以确保足够的人力资源投入这一关键领域，提升高校就业指导工作的质量和效果。通过这些措施，高等职业院校将能够更好地应对学生数量的增加，提高就业服务工作的水平，促进毕业生更好地融入社会职场。

（二）就业指导与企业人才招聘需求脱离

高等职业院校十分重视就业工作，通过加强就业宣传工作、建立就业层级包联制度、拓宽就业渠道与提供创业培训、加强个性化辅导、加强与企业的合作、建立就业服务体系。

虽然高职院校在就业指导模式上与普通高校相似,但城市轨道交通专业的就业指导未能充分考虑学生的独特特点以及相关行业的招聘趋势。在学生的就业准备中,由于就业指导未能深入了解这些学生的专业特点和行业背景,毕业生在求职过程中可能面临自身能力未被充分评估和对目标行业了解不足的问题。这种情况导致了一定程度的人职不匹配,影响了毕业生的就业质量。为了改善这一状况,高职院校应加强城市轨道交通专业的就业指导工作,深入研究这些专业学生的就业需求和特殊情况,以便更精准地制定相关就业指导策略。此外,还应及时了解相关行业的招聘趋势,为学生提供更有针对性的职业建议。通过加强城市轨道交通专业的就业指导,高职院校将能够提高该专业毕业生的就业适应性,使就业指导工作更加全面有效。

近年来,伴随着相关行业的迅猛增长和企业对学历要求的逐渐放宽,高职毕业生迎来了前所未有的广阔就业空间。然而,与此同时,相关行业对毕业生的综合素养提出了更高的标准,特别是在职业道德与职业素养上提高了要求。尽管这为毕业生带来了更多机遇,但高职院校的就业指导部门尚未充分意识到这一点。在发布就业信息后,招就处未能迅速归纳分析相关行业人才招聘的新要求与变化动态,也未能将这些招聘需求迅速传递给教学系部。这导致了信息传递的断裂,进而使得学生的培养方向与用人单位的实际期望之间存在不匹配的现象。为了解决这一问题,高等职业院校的就业指导部门需要加强对相关行业的深入了解,及时分析招聘趋势和关键要求,以便更准确地指导学生的职业发展。同时,建立健全的信息反馈机制,确保招聘需求能够及时传达给教学和学生管理部门,从而实现学生培养目标与实际用人需求的紧密衔接。通过这些改进,高等职业院校将能更好地满足相关行业的人才需求,提高毕业生的就业竞争力。

鉴于城市轨道交通行业企业用人需求和其他行业有所区别,企业的用工一般都在学生实习期间,这个时间学生都在外实习,导致学校除了在网络上发布消息,难以将所有学生同时请回来进行企业宣讲会。因此,学生难以对企业展开全方位的了解,难以有针对性地开展面试准备,无法展现最优秀的一面。这一现状深刻反映出高等职业院校就业帮扶有一定缺失。为解决这一问题,高等职业院校应当更加灵活地调整就业指导课程,使其内容和时间更贴近相关行业企业招聘的实际情况。通过及时了解和反映相关行业的招聘需求,就业指导部门能够提前为学生提供相关的面试技巧和简历制作培训,以增强其竞争力。此外,建立起高效的信息沟通机制,确保就业指导工作与相关行业的发展趋势保持紧密对接,使学生能够更好地应对人生中的首次就业挑战,从而提高他们的就业成功率。通过这些调整和改进,高等职业院校将能够更好地满足学生和企业的需求,提升毕业生的就业竞争力。

(三)高校就业指导需要构建专业化指导体系

随着高等职业教育普及化程度的不断提高,高职毕业生就业问题日益凸显。为了有效应对这一挑战,高职院校必须构建一套专业化、系统化的就业指导体系。这一体系旨在通过全面的职业规划、求职技能培训、职业技能提升、创业指导以及信息化建设等多方面的服务,为学生提供个性化的就业指导,帮助他们顺利进入职场,实现个人价值。

首先,职业规划教育的深化与拓展。高校就业指导体系的首要任务是帮助学生进行职业规划。通过开设职业规划课程，引导学生了解自己的兴趣、优势和职业倾向，明确自己的职业目标。同时，引入职业测评工具，帮助学生更加准确地认识自己，制定个性化的职业规划。此外，高校还应提供职业咨询服务，解答学生在职业规划过程中的疑问和困惑，为他们提供方向性的指导。求职技能培训的实用与高效。为了提升学生的求职竞争力，高校就业指导体系应重视求职技能的培训。通过开设求职技巧课程，教授学生撰写简历、面试技巧、网络求职等实用技能。同时，举办模拟面试、求职大赛等活动，让学生在实践中锻炼自己的求职能力。此外，高校还应加强与企业的合作，为学生提供实习实训机会，让他们在实践中积累工作经验，提升求职成功率。

其次，职业技能培训的专业与前沿。随着社会经济的不断发展，对人才的需求也在不断变化。高校就业指导体系应紧跟时代步伐，为学生提供专业、前沿的职业技能培训。针对不同专业和行业需求，开设职业技能培训课程，提升学生的专业素养和实践能力。同时，引入行业认证和职业资格考试，鼓励学生获取相关证书，提高就业竞争力。此外，高校还应加强与企业和行业协会的合作，了解行业动态和人才需求，及时调整培训内容。加强创业指导服务的创新与支持。创业是当今社会的一大趋势，也是高校毕业生就业的重要途径之一。高校就业指导体系应为学生提供全面的创业指导服务。通过开设创业课程，传授创业理念、方法和技巧，激发学生的创业热情和创新能力。同时，提供创业咨询服务，解答学生在创业过程中的问题和困惑。此外，高校还应搭建创业平台，提供场地、资金等资源支持，帮助学生实现创业梦想。

再次，就业指导信息化建设的智能与便捷。随着信息技术的不断发展，高校就业指导体系应充分利用信息化手段，提高服务效率和质量。建立就业指导网站和公众号等线上平台，发布就业信息、政策解读等内容，方便学生随时获取相关信息。同时，利用大数据和人工智能技术，为学生提供个性化的就业推荐和职业规划建议。此外，加强与用人单位的线上交流合作，拓展就业渠道和资源。

总之，高校就业指导专业化体系的构建是一个系统工程，需要多方面的协同配合和持续推进。通过深化职业规划教育、提升求职技能、加强职业技能培训、创新创业指导服务以及推进信息化建设等措施，可以为学生提供更加全面、系统、个性化的就业指导服务，帮助他们顺利进入职场，实现个人价值。

（四）就业指导相关课程流于形式

高职院校就业指导相关课程流于形式的表现，往往体现在多个方面，这些方面共同构成了课程效果不佳、缺乏实际意义的整体形象。

课程内容陈旧，缺乏更新。就业指导课程内容往往长期保持不变，缺乏及时的更新。例如，随着社会经济结构的变化和就业市场的发展，新兴行业、新职业岗位不断涌现，但课程内容却没有及时反映这些变化，导致学生所学的知识与实际就业市场脱节。同时，课程中对求职技巧、职业规划等方面的讲解也往往停留在传统模式上，缺乏创新和实用性。

教学方法单一，缺乏互动。许多高职院校的就业指导课程仍采用传统的讲授方式，以教师为中心，学生被动接受知识。这种教学方式缺乏互动和讨论，难以激发学生的学习兴趣和积极性。同时，课程中的案例分析和实践活动也相对较少，学生缺乏实际操作和亲身体验的机会,难以真正掌握和应用所学知识。

师资力量薄弱,缺乏实践经验。部分高职院校的就业指导课程师资力量薄弱,缺乏具有丰富实践经验的教师。一些教师可能只具备理论知识,缺乏在就业市场中的实际操作经验,因此在授课过程中难以将理论知识与实际情况相结合,使得课程内容显得空洞和缺乏说服力。

课程安排不合理,缺乏系统性。就业指导课程在高职院校中往往被视为一种"辅助"课程,其课时安排和课程设置往往不够合理。有时,这些课程被安排在学期末或学生即将毕业时,导致学生没有足够的时间和精力去学习和消化课程内容。同时,课程之间的衔接和系统性也不足,使得学生在接受就业指导时感到迷茫和不知所措。

缺乏与企业和社会的联系。就业指导课程应该紧密地联系企业和社会,但许多高职院校在这方面做得不够。课程往往缺乏与企业的合作和交流,导致学生难以了解企业的真实需求和招聘标准。同时,课程也缺乏与社会的联系,没有充分利用社会资源来拓宽学生的视野和就业机会。这种缺乏联系的情况使得课程效果大打折扣。

评价体系不完善,缺乏反馈机制。许多高职院校的就业指导课程缺乏完善的评价体系和反馈机制。在课程结束后,往往没有对学生进行有效的评估和反馈,使得学生无法了解自己在求职过程中的优势和不足。同时,教师也缺乏对学生求职情况的跟踪和了解,难以为学生提供有针对性的指导和建议。

总之,高职院校就业指导相关课程流于形式的表现主要体现在内容陈旧、教学方法单一、师资力量薄弱、课程安排不合理、缺乏与企业和社会的联系以及评价体系不完善等方面。为了改善这种情况,高职院校应该加强课程内容的更新和教学方法的创新,提高教师的实践经验和教学水平,合理安排课程时间和内容,加强与企业和社会的联系和合作,并建立完善的评价体系和反馈机制。只有这样,才能使得就业指导课程真正发挥其实用性和有效性,为学生的就业和职业发展提供有力的支持和帮助。

(五)加强针对女学生及特殊群体的就业指导

在当前竞争激烈的就业市场中,女学生及特殊群体(如身体条件受限、少数民族、残疾人等)面临着更为严峻的就业挑战。特别是在城市轨道交通等特定行业,尽管女性及特殊群体在学业上表现出色,但他们在求职过程中往往遭遇不公平的待遇和偏见。因此,加强针对女学生及特殊群体的就业指导显得尤为重要。

对于女学生的就业指导。高校应加强性别平等教育,引导学生树立正确的性别观念,摒弃性别歧视和偏见。通过开设相关课程、举办讲座、组织活动等方式,增强学生的性别意识和性别平等意识,为女学生创造公平的就业环境。针对女学生在求职过程中可能遇到的困难,高校应提供专门的职业规划与求职技巧培训。这包括帮助学生分析行业趋势、制定职业规划、提升求职技能等方面。通过系统的培训,使女学生更好地了解市场需求,明确自身定位,提高求职成功率。同时,高校应积极与用人单位建立联系,了解他们对女性的用人需求和疑虑。通过加强校企合作,为女学生提供更多的实习和实践机会,让她们在实践中展示自己的能力和潜力。同时,高校还可以邀请企业参加招聘会,为女学生提供更多的就业机会。对于城市轨道交通专业的女生,高校应更加关注她们的就业情况。通过与行业内的企业沟通，了解行业对女性的用人需求和趋势，为女生提供更多的实习和就业机会。同时，高校还可以组织专门的招聘会或推荐会，为女生搭建与用人单位直接沟通的桥梁。

对于特殊群体的就业指导。针对特殊群体的具体需求和困难，高校应提供个性化的就业指导服务。这包括了解学生的身体状况、民族背景、家庭情况等信息，为他们制定专门的就业计划和帮扶措施。通过个性化的服务，帮助特殊群体更好地应对就业挑战。对于身体条件受限的学生，高校可以提供职业技能培训和适应性训练。通过培训，帮助学生掌握适合自身条件的职业技能，提高就业能力。同时，高校还可以为学生提供实习和就业机会，让他们在实践中积累经验、提升技能。对于少数民族和残疾人等特殊群体，高校应加强文化交流和心理辅导。通过组织文化活动和心理辅导课程，帮助学生更好地融入社会、增强自信心和应对能力。同时，高校还可以为学生提供就业指导和职业规划服务，帮助他们更好地规划自己的职业生涯。

第三节　完善高职院校就业指导工作的措施的建议

一、加强关注并全面保障就业指导的全过程服务

高等职业院校学生就业指导工作的全面完善是一个需要长期和系统努力的复杂过程。这一努力不仅仅取决于高校对就业指导的高度关注，还需要政府和相关行业积极参与，形成一个紧密的合作网络。关键在于建立起一套可持续运作的长效机制，以确保学生在整个就业过程中得到全程的支持。首先，就业指导的时间框架要体现出长效性。在不同阶段，对学生开展的就业指导都应有所区别，不同时期学生需要得到的帮助都不一样，每个阶段的指导内容应当紧密结合学生的实际需求和发展阶段进行动态调整。特别是针对学生的面试等关键职场技能，须提前进行引导和培训，以增强他们在职场中的竞争力与优势。这种分阶段的长效指导将有助于学生更好地规划自己的职业发展路径。其次，就业指导的内容要具备长效性。指导课程不仅应该关注就业的核心知识，还需要全面覆盖学业规划、择业决策、创业机会的发现与利用、职业生涯设计以及就业心理健康等多个方面。强调培养学生的综合能力和核心竞争力，而不仅仅是传递职业技能，这将有助于学生更好地适应未来职业市场的多变性。除此之外，高校还需要进行有效的追踪调查，定期回访毕业生并了解他们就业后的发展状况。这样的实时反馈机制可以帮助高校及时调整和改进就业指导工作，以更好地适应不断变化的就业环境。总的来说，建立这样的长效机制对于高等职业院校学生的就业指导工作至关重要。这将为学生提供更全面和个性化的支持，有助于他们更加顺利地步入职场，成为具有竞争力的专业人才。全面保障就业指导的全过程服务需要做好以下工作。

在当今社会，高等职业教育承担着培养高素质技能型人才的重要使命，而有效的就业

指导工作是促进学生顺利就业、实现人生价值的关键环节。为了更好地适应经济社会发展需求,推动高等职业院校就业指导工作的创新与发展,我们急需构建一个多维协作、全面联动的就业指导生态体系。

第一,争取政策引导与支持打造坚实基石。政府作为社会发展的重要推动者,应发挥其在就业指导中的引领和保障作用。首先,政府应制定并实施一系列有利于就业指导的政策,如设立就业指导专项资金,为高校、企业、家庭和学生提供必要的资金支持;同时,完善相关法律法规,为就业指导工作提供法律保障。此外,政府还应加强与高校、企业、家庭和学生之间的沟通与合作,共同构建良好的就业环境。

第二,通过教育培养与指导筑牢人才基础。高校作为人才培养的重要基地,应充分发挥其在就业指导中的核心作用。首先,高校应加强就业指导课程的设置与教学,将就业指导课程纳入教学计划,确保学生接受系统的职业规划教育。其次,高校应提供个性化的职业规划服务,帮助学生明确职业方向,制定切实可行的职业规划。此外,高校还应加强与企业的合作,共同开展实习实训项目,提升学生的职业技能和素养。

第三,增加实践机会与资源搭建成长平台。企业作为社会经济发展的重要力量,应积极参与高校的人才培养过程。首先,企业应提供实习实训机会,让学生能够在实践中学习和成长,了解行业发展趋势和企业用人需求。其次,企业应加强与高校的产学研合作,共同研发新技术、新产品,推动产业升级和创新发展。同时,企业也可以借此机会发现和培养潜在的人才,为企业未来的发展储备优秀人才。

第四,获得家庭支持与参与营造和谐氛围。家庭作为学生成长的重要环境,在就业指导中扮演着不可或缺的角色。首先,家长应积极参与学生的就业指导工作,了解孩子的兴趣和优势,鼓励他们根据自身情况选择适合的职业方向。其次,家长应为孩子提供必要的心理和经济支持,帮助他们度过就业过程中的困难和挑战。同时,家长还应加强与学校的沟通与合作,共同关注孩子的成长和发展。

第五,激发内在动力让学生主动参与。学生作为就业指导的主体,应充分发挥其主动性和积极性。首先,学生应积极参与各类就业指导活动,如职业规划讲座、模拟面试等,主动了解就业市场和行业动态。其次,学生应不断提升自身的职业技能和素养,如参加职业技能培训、参与科研项目等,增强自身的竞争力。此外,学生还应关注自身兴趣和发展方向,制定切实可行的职业规划,为未来的职业生涯做好充分准备。

在多维协作、全面联动的就业指导生态体系下,我们相信高等职业院校的就业指导工作将取得更加显著的成效,为培养更多高素质技能型人才、推动经济社会发展做出更大的贡献。

为了更有效地进行就业指导,必须采取系统化的保障措施。职业选择是一个不断发展的过程,因此,就业指导应当被视为一个长期而系统的任务。系统化的就业指导要求将其融入整个教育教学过程,然而,一些高等职业院校仍将就业指导看作即时事件,这种短视的观念带来了一系列负面影响。为了确保就业指导的系统化保障,高等职业院校可以采取一系列措施。首先,建立专门的就业指导机构是关键的一步,这将有助于集中资源、制定全面的计划并提供专业支持。其次,加强师资队伍建设也是不可或缺的。培训和拥有经验丰富的指导人员将提高指导服务的质量和效果。此外,建立全面的就业信息系统,能够提供及时、准确的就业市场信息,有助于学生更好地规划职业生涯。我们必须深刻认识到增强课程指导力度的至关重要性。要以行业企业需求为背景,不仅能使课程内容更具针对性和时效性,更能显著提升教学的整体效果。这样的课程设计能够确保学生在学习过程中,不仅获得知识,更能明确自己的职业方向,为未来的职业生涯奠定坚实的基础。这种全程化的课程设计将为学生提供更为深入和贴近实际的就业指导,使其更好地适应职场需求。总体而言,通过建立专门机构、加强师资队伍建设、建立信息系统,以及加大课程指导力度等途径,高等职业院校可以实现就业指导的系统化保障。这将有助于为学生提供更全面、长期的支持,使其能够更自信、更成功地迎接未来的职业挑战。

总之,为了提升高等职业院校城市轨道交通专业毕业生的职业能力,迫切需要着重加强城市轨道交通专业实训基地的建设。这一举措不仅对学生的职业发展至关重要,也为更有效地指导就业提供了坚实基础。在这一过程中,必须深入了解当前行业的需求,特别关注一线操作人才的培养,以确保毕业生具备实际操作技能和行业应用能力。为了实现这一目标,国家和高职院校应该紧密合作,根据城市轨道交通专业毕业生的就业实际情况,积极投入资源,切实加强城市轨道交通专业实训基地的建设。这意味着需要制定明确的战略和政策,确保资金、设施和师资的投入能够满足学生实践培训的需要。特别是要注重提高实训基地的实用性和先进性,以保持与行业发展同步。加强城市轨道交通专业实训基地的建设不仅有助于学生在实际操作中积累经验,更有助于提高他们的职业素养和综合能力。这样的实践机会能够使学生更好地理解和适应具体行业的工作环境,为他们未来的职业发展奠定坚实基础。通过加强城市轨道交通专业实训基地的建设,国家和高职院校共同致力于为城市轨道交通专业毕业生提供更全面、更实际的职业能力培养,这将为他们顺利进入职场、应对行业挑战提供更有力的支持,并使得高等职业院校的就业指导更具深度和实效性。

二、精准对接企业需求:构建以企业为导向的就业指导教育体系

在当今经济和技术快速发展的时代,高等职业教育面临着前所未有的挑战与机遇。随着全球化竞争的加剧和技术的不断更新换代,企业对于人才的需求也在不断变化。为了使学生更好地适应企业需求,实现顺利就业,我们必须深入探索与企业需求精准对接的就业指导教育,从而为学生提供更加符合市场需求的教育和培训,帮助他们更好地适应职场挑战和实现顺利就业。我们可以通过采取加强校企合作、优化课程设置、提供个性化服务、加强创新创业教育以及构建多元化评价体系等方面的措施,从而不断提升就业指导教育的质量和效果。同时,也需要关注行业发展趋势和市场需求的变化,及时调整和完善就业指导教育的策略和方法,确保学生能够适应未来职场的挑战和机遇。

实现教育与需求的精准对接必须深化校企合作。校企合作是实现就业指导教育与企业需求精准对接的关键环节。通过搭建校企合作的桥梁,学校可以更加直接地了解企业的用人需求和行业发展动态,从而调整和优化教学内容和课程设置。同时,企业也能参与到学校的教学过程中,提供实践机会和教学资源,使学生的学习更加贴近实际工作。这种合作模式有助于双方资源共享,优势互补,共同培养出更符合市场需求的人才。在探索精

准对接的过程中学校应与企业建立长期稳定的合作关系,确保双方能够持续地进行交流与合作。学校可以与企业签订合作协议,明确双方的合作内容和方式,确保合作能够顺利进行。学校与企业应共同制定人才培养计划,确保学生的培养方向与企业的用人需求相契合。学校可以邀请企业代表参与课程设计和教材编写,引入企业的实际案例和最新技术,使学生的学习更加贴近实际工作。学校应加强实践教学环节,实践教学是培养学生实践能力和职业素养的重要环节。学校应与企业合作开展实践教学项目,让学生在实践中深入了解行业和企业。学校可以与企业合作建立实训基地,为学生提供实习、实训等实践机会,让学生在实践中学习和成长。

为了实现就业指导教育与企业需求的精准对接,我们需要优化课程设置。课程设置应以行业需求为导向,注重培养学生的实践能力和创新思维。将课程设置紧密围绕行业需求,确保学生能够掌握行业所需的知识和技能。在课程设置过程中要关注行业发展趋势和未来需求,为学生未来的职业发展做好准备,其中需要注重培养学生的实践能力,通过案例分析、模拟实训等方式,让学生在实践中学习和成长,学校可以通过深化与企业的合作,为学生提供更多的实践机会。在优化课程设置过程中首先可以加强基础课程建设,基础课程是学生获取知识和技能的基础,也是培养学生创新思维和综合素质的重要途径。因此,学校应加强对基础课程的建设,确保学生掌握扎实的专业知识和技能。其次,引入行业前沿课程,随着科技的快速发展和行业的不断变革,新的技术和知识不断涌现。为了使学生能够适应行业的需求,学校应积极引入行业前沿课程,让学生了解最新的技术和知识动态。最后,强化实践教学环节,实践教学是培养学生实践能力和职业素养的重要环节。学校应增加实践教学的比重,通过案例分析、模拟实训等方式,让学生在实践中学习和成长。同时,学校还可以与企业合作开展实践教学项目,让学生在实践中深入了解行业和企业。

新时代的就业指导教育应该提供个性化、全方位的就业指导服务。首先,需要了解学生需求,每个学生都有自己的兴趣爱好和职业规划。学校应深入了解学生的需求,为他们量身定制就业方案。学校可以通过问卷调查、个别咨询等方式了解学生的需求和期望。其次,提供职业咨询服务,这是帮助学生了解自身职业兴趣、优势和不足的重要途径。学校应设立职业咨询中心,为学生提供专业的职业咨询服务。同时,学校还可以邀请企业代表来校进行宣讲和招聘活动,让学生直接了解企业的需求和招聘标准。再次,开展模拟面试和求职技巧培训,这是帮助学生提高面试成功率的重要途径。学校可以组织模拟面试活动,让学生在实践中掌握面试技巧。同时,学校还可以开设求职技巧培训课程,帮助学生了解求职流程和注意事项。最后,加强就业指导团队建设,就业指导团队是提供就业指导服务的重要力量。学校应加强就业指导团队的建设,提高团队成员的专业素养和服务水平。学校可以通过定期培训和交流学习等方式提升团队成员的业务能力和服务质量。

为持续优化就业指导教育,学校可以建立跟踪反馈机制。学校应该建立毕业生跟踪调查制度,定期了解毕业生的就业情况和职业发展状况。通过收集和分析毕业生的反馈信息,学校可以了解就业指导教育的效果和不足之处,为今后的改进提供依据。同时,学校还可以邀请用人单位对毕业生进行评价和反馈,以便更好地了解企业对毕业生的需求和期望。根据这些反馈意见,学校可以及时调整和完善教学内容和方法,确保就业指导教育的针对性和实效性。最终,根据毕业生和用人单位的反馈意见,学校应持续优化就业指导教育的内容和方式。具体而言,学校可以加强与企业的合作,共同开发更加符合市场需求的课程和实训项目;加强师资队伍建设,提升教师的专业素养和实践能力;完善就业指导服务体系,提供更加个性化、全方位的就业指导和支持。

随着国家不断加强对创新创业人才的培养力度,在就业指导教育中还需要加强创新创业教育,培养创新型人才。在快速变化的市场环境中,创新和创业能力成为衡量人才竞争力的重要指标。因此,加强创新创业教育,培养学生的创新意识和创业精神,对于实现学生顺利就业和创业具有重要意义。学校在培养学生的创新思维和创业能力的同时,能够为他们未来的职业发展打下坚实的基础。学校应引入创新课程,如创新思维训练、创业案例分析等,激发学生的创新热情和创业意愿。同时,学校还可以与企业合作开发创新创业课程,让学生更加了解创业的实际操作和风险挑战。可以通过搭建创业平台,为学生提供创业孵化、资金扶持、项目对接等全方位的服务。通过创业平台的建设,学校可以帮助学生将创业想法转化为实际项目,提高创业成功率。通过定期举办创新创业大赛的形式,鼓励学生参与创新创业项目的设计和实施。通过大赛的举办,学校可以激发学生的创新热情,提高学生的实践能力和团队协作能力。

在开展一系列就业指导教育之后,学校需要构建多元化评价体系,全面评估学生能力。传统的单一评价体系往往无法全面评估学生的能力和潜力,为了更准确地评价学生的综合素质和职业发展潜力,我们需要构建多元化评价体系。学校应引入多种评价方式,如笔试、面试、实践操作、项目评估等,以全面评估学生的知识掌握、实践能力、创新思维和职业素养等方面。学校可以建立学生综合素质档案,记录学生在校期间的学习成绩、实践经历、创新创业项目、社会活动等方面的表现。通过综合素质档案的建立,可以更全面地了解学生的能力和潜力。同时,邀请企业参与学生的评价工作,让企业对学生的综合素质和职业发展潜力进行评价,学校可以更准确地了解企业的用人需求和招聘标准,为学生提供更加符合企业需求的就业指导。

三、加强就业指导师资队伍的培养和建设

当前,高等职业院校城市轨道交通专业就业指导师资队伍面临双重挑战:一是学生数量激增,而就业指导教师相对短缺;二是就业指导教师缺乏城市轨道交通专业知识背景,了解相关行业就业形势不够深入,专业化程度相对较低。解决这一问题的关键在于加强师资队伍的业务培训。通过全程化的教师培训,可使就业指导人员更好地掌握先进的教育理念和职业指导方法,提升其业务水平。同时,需要提升教师持续学习和知识更新能力、教学创新与设计能力、教育技术运用能力、自我反思与评估能力、沟通与协作能力、关注学生发展与情感支持能力、适应变革与发展能力,使其能够减少和学生的代沟。实地走访企业是培养就业指导人员实际经验的有效途径,通过亲身了解服务对象的工作环境,可以更全面地了解相关行业的就业需求,提高指导的针对性。这样的师资队伍将更好地满足城市轨道交通专业毕业生和用人单位的需求,促进校企之间的深度合作,为高等职业院校的城市轨道交通专业就业指导工作注入新的活力。

四、优化就业指导课程体系,创建校企合作的就业指导课堂

在当下社会,大学生的就业形势日益严峻。为了帮助学生们更好地融入职场,高校和企业需要携手合作,共同打造就业指导课堂。这种合作模式不仅可以帮助学生提前了解职场环境,还可以为他们提供实际的工作经验,从而更好地为未来的职业生涯做好准备。面对日益激烈的就业竞争,单纯依赖传统的课堂教学已经无法满足现代大学生的需求。高校与企业之间的紧密合作成为提升学生就业竞争力的重要途径。这种合作模式能够让学生在学习过程中更加贴近实际,了解行业的最新动态和企业的真实需求。

高校应积极与企业建立稳固的合作关系。这种合作不仅仅是形式上的,更应该是深层次的、全方位的。企业可以为学生提供实习、实践的机会,这是最直接、有效的方式,让学生深入职场,体验真实的工作环境。在实习过程中,学生可以了解到企业的运营模式、团队协作的重要性以及行业的最新发展趋势。同时,企业也应该参与到高校就业指导课程的设计与实施中。企业的实际需求、对人才的具体要求,都是高校在制定就业指导课程时需要重点参考的。企业的参与,不仅可以使课程内容更加贴近实际,还可以确保学生所学的知识与技能是符合市场需求的。

邀请企业中的专业人士、行业领袖、人力资源专家等参与就业指导课堂,是校企合作中不可或缺的一环。这些专家具有丰富的职业经验和行业洞察,他们的分享往往能为学生提供宝贵的职业启示。企业专家可以分享自己的职业成长经历,让学生了解职业生涯中的种种挑战与机遇。他们可以传授求职技巧,例如如何撰写吸引人的简历、如何在面试中展现自己的优势等。更为重要的是,这些专家可以为学生提供行业的最新资讯,帮助他们更好地规划自己的职业发展路径。

理论与实践相结合是提升学习效果的关键。在就业指导课程中,创设真实的求职场景至关重要。通过模拟面试、简历撰写、招聘会参与等实践活动,学生可以更加直观地了解求职过程中的每一个环节。模拟面试不仅帮助学生熟悉面试流程,还可以锻炼他们的应变能力和自信心。撰写简历的过程则能让学生明确自己的职业定位,凸显个人优势。而参加招聘会则可以让学生真实感受到求职市场的氛围,了解企业对人才的需求。

每个学生都是独一无二的,他们的专业背景、兴趣爱好、职业规划都各不相同。因此,提供个性化的就业指导显得尤为重要。高校可以根据学生的不同专业和兴趣,开设针对性的就业指导课程。例如,对于计算机专业的学生,可以邀请IT行业的专家进行分享;对于市场营销专业的学生,则可以邀请具有丰富市场经验的企业家来授课。

优化就业指导课程体系并创建校企合作的就业指导课堂,对于提升学生的职业素养和就业竞争力具有重要意义。这是一个需要高校、企业和学生三方共同努力的系统性工程。高校应积极推动与企业的深度合作,确保就业指导课程的内容与时俱进,紧密贴合行业需求。企业应积极参与课程设计,提供实习机会,让学生更早地接触职场文化。学生则需要珍惜这些机会,努力学习,不断提升自己。

五、调整学生的就业心理,强化对女生就业的帮助

高等职业院校城市轨道交通专业毕业生的生涯前景紧密联系着相关行业的蓬勃发展。因此,为了提供更有效的就业指导,学校有必要深入研究和分析相关行业的现状以及未来的发展趋势。通过深刻了解行业的动向,学校可以更准确地洞察行业内的机遇与挑战,为学生提供更有针对性的职业规划和指导。在充分了解相关行业的基础上,学校应该积极引导学生调整就业心态,着眼于培养学生的职业发展意识。预防"有业不就"现象,需要通过就业指导课程和个别辅导等形式,引导学生树立合理的就业期望值,理性看待自身的能力和行业需求,避免因过高期望而造成的错失就业机会。此外,为预防"等等再就"的现象,学校需要提前介入学生的就业准备工作,通过心理辅导和实践活动,帮助学生更好地适应社会、增强面对职场挑战的信心。促使学生在毕业时能够以积极主动的态度迎接职业生涯的开始,避免因对未知的恐惧而推迟就业决策。

针对"无业可就"的风险,高等职业院校应审时度势,提前规划城市轨道交通专业的培养计划,确保学生具备符合相关行业需求的实际技能和知识背景。同时,学校应鼓励学生主动参与实践活动、校企合作项目等,培养其就业意识和创业意识,提高其面对未知行业发展情境时的适应能力。综合来看,通过深入了解相关行业,引导学生调整就业心态,预防各种就业问题的发生,学校可以更好地帮助学生在竞争激烈的就业市场中脱颖而出,实现顺利就业和职业发展。这不仅有助于个体学生的成长,也为高等职业院校城市轨道交通专业的长远发展提供了战略支持。

鉴于某些行业的独特性和复杂性,例如工作环境的恶劣、夜班和倒班等因素,女生在这些行业就业面临一系列挑战,这也成为高等职业院校就业指导工作的关注焦点。对于女同学我们需要引导她们深入了解自我,持续学习提升专业技能,积极面对职场压力,扩大社交圈子并积累实际经验。同时,她们可以通过寻求成功女性的经验分享、制定明确的职业规划、掌握求职技巧以及建立支持网络来增强自信。此外,关注身心健康,保持积极心态,也是激发女生就业信心不可或缺的一环。让我们共同努力,为女性职业发展提供更多支持和机会,实现性别平等与共同进步。这有助于激发女生的就业信心,让她们明白除了专业对口的行业之外,还有学历提升、自主创业等多种途径可以实现个人就业。通过这些努力,高等职业院校可以为城市轨道交通专业女生提供更全面的就业指导,帮助她们更好地规划未来职业生涯。通过综合性的就业指导,城市轨道交通专业女生将更加有信心和能力适应特殊行业的就业挑战,实现个人的职业发展目标。

第五章 课程思政在轨道交通专业课程中的应用研究

第一节 课程思政的理论概述

城市轨道交通相关专业的课程思政,旨在培养学生不仅具备扎实的专业知识与技能,更要塑造他们成为具备高尚职业道德、社会责任感和创新精神的新时代交通人才。通过学习,学生将深入理解轨道交通在城市发展、人民出行乃至国家战略中的重要作用,树立正确的价值观与职业观,努力为社会贡献自己的力量,实现个人价值与社会价值的和谐统一。同时,课程还强调团队协作、创新思维和实践能力的培养,以适应未来城市轨道交通行业发展的多元化需求。

一、课程思政的理论依据

随着国家对高等教育改革的深入推进,课程思政作为高等教育的重要组成部分,已经成为高校教育教学改革的热点。课程思政旨在通过课程教学,实现对学生思想政治素质的培养和提升,促进学生全面发展。本文将从马克思主义教育思想、习近平总书记关于教育的重要论述以及课程设计理论三个方面,探讨课程思政的理论依据。

(一)马克思主义教育思想与课程思政

在探讨高等教育领域中的课程思政时,我们不得不提及马克思主义教育思想。这一伟大理论不仅是无产阶级革命和社会主义建设的思想指南,也是现代教育事业发展的重要理论基础。它以其深邃的洞察力和前瞻性的视野,为教育事业指明了方向,特别是在培养全面发展的人才方面,马克思主义教育思想更是发挥了不可替代的作用。

马克思主义教育思想的核心要义。马克思主义教育思想的核心在于强调教育要为无产阶级革命和社会主义建设服务。这一思想将教育与社会的政治、经济、文化等各个领域紧密地联系在一起,认为教育不仅是传授知识、培养技能的过程,更是塑造人的世界观、人生观和价值观的重要途径。因此,马克思主义教育思想强调教育的社会性和阶级性,认为教育应当为无产阶级和广大劳动人民服务,培养具有共产主义理想、道德和文化的全面发展的人。

课程思政作为高等教育的重要组成部分,其重要性不言而喻。它不仅是传授专业知识的平台,更是培养学生正确思想观念、价值观念和道德观念的重要阵地。通过课程思政,我们可以引导学生树立正确的世界观、人生观和价值观,坚定共产主义理想信念,为实现中华民族伟大复兴的中国梦贡献力量。在实践中,课程思政应当深入贯彻马克思主义教育思想。首先,我们要将马克思主义的基本立场、观点和方法贯穿于课程教学的始终,使学生能够深刻地理解和把握马克思主义的精髓。其次,我们要注重将马克思主义理论与现实生活相结合,通过案例分析、社会实践等方式,让学生感受到马克思主义理论的强大生命力和现实指导意义。最后,我们还要注重培养学生的创新精神和实践能力,鼓励他们在实践中不断探索、勇于创新,为实现中华民族伟大复兴贡献自己的力量。

马克思主义教育思想与课程思政的深度融合是高等教育发展的必然趋势。这种融合不仅有利于我们更好地理解和把握马克思主义教育思想的精髓,也有利于我们更好地发挥课程思政在高等教育中的重要作用。一,深化对马克思主义教育思想的理解:我们要认真学习马克思主义教育思想的经典著作,深入理解其核心要义和基本精神,为课程思政提供坚实的理论支撑。二,加强课程思政的顶层设计:我们要从全局出发,对课程思政进行整体规划和设计,确保其在高等教育中的核心地位和作用得到充分发挥。三,推动教学方法和手段的创新:我们要注重将现代教育技术和手段引入课程思政中,通过多媒体教学、网络教学等方式,提高课程思政的吸引力和实效性。四,加强师资队伍建设:我们要注重培养一支具有高尚师德、精湛业务能力和深厚理论素养的教师队伍,为课程思政提供有力的人才保障。

马克思主义教育思想与课程思政的深度融合是高等教育发展的必然要求。我们应当以高度的责任感和使命感,积极推进这一融合过程,为实现中华民族伟大复兴的中国梦培养更多具有共产主义理想、道德和文化的全面发展的人才。同时,我们也要不断探索和创新,为高等教育事业的发展贡献自己的力量。

(二)习近平总书记关于教育的重要论述与课程思政

在当今这个信息爆炸、知识更新的时代,教育承载着培养未来社会栋梁的重任。习近平总书记关于教育的重要论述,为我们指明了教育发展的方向,也为课程思政提供了坚实的理论支撑和实践指南。这些论述不仅强调了教育的根本任务,也为我们如何在课程教学中融入思政元素,培养具有坚定信仰、高尚品德和扎实学识的社会主义建设者和接班人提供了重要遵循。

习近平总书记指出,教育要为人民服务,为中国共产党治国理政服务,为巩固和发展中国特色社会主义制度服务,为改革开放和社会主义现代化建设服务。这一宗旨深刻揭示了教育的本质属性和根本任务,也为我们理解课程思政的重要性提供了理论基础。教育不仅仅是知识的传授,更是价值观的塑造和理想信念的培育。课程思政正是要通过课堂教学这一主渠道,将社会主义核心价值观和中华优秀传统文化融入学生心中,引导他们树立正确的世界观、人生观和价值观。

课程思政的核心要义在于"育人为本、德育为先"。它要求我们在传授专业知识的同时,注重培养学生的道德品质、社会责任感和创新能力。通过深入挖掘各门课程中的思政元素,将其与专业知识相结合,使学生在学习知识的过程中,自然而然地接受思政教育。这不仅有利于提高学生的综合素质,也有利于培养他们的家国情怀和时代担当。

习近平总书记强调,要引导学生坚定"四个自信",即中国特色社会主义道路自信、理论自信、制度自信、文化自信。课程思政应当紧密围绕这一要求,通过课程教学,让学生在实践中深刻理解和认同中国特色社会主义道路、理论、制度和文化。道路自信:通过讲述中国特色社会主义的发展历程和伟大成就,让学生深刻认识到中国特色社会主义道路是符合中国国情、符合人民利益的正确道路。同时,也要引导学生关注国际形势,了解世界各国的发展状况,从而更加坚定地走中国特色社会主义道路的信念。理论自信:通过系统讲解马克思主义理论、中国特色社会主义理论体系等内容,让学生深入理解这些理论的科学性和真理性。同时,也要结合时代特点和现实问题,引导学生运用这些理论分析问题、解决问题,从而增强他们的理论自信。制度自信:通过介绍中国特色社会主义制度的基本内容和特点,让学生认识到这一制度具有巨大的优越性和强大的生命力。同时,也要引导学生关注社会热点问题,了解制度改革的成果和经验,从而更加坚定走中国特色社会主义制度的信念。文化自信:通过传承和弘扬中华优秀传统文化、革命文化和社会主义先进文化,让学生深刻认识到中华文化的博大精深和独特魅力。同时,也要引导学生关注文化多样性问题,尊重不同文化的差异和多样性,从而更加坚定走中国特色社会主义文化道路的信念。

习近平总书记关于教育的重要论述为我们指明了教育发展的方向,也为课程思政提供了坚实的理论支撑和实践指南。在新时代背景下,我们要深入贯彻落实这些论述精神,将课程思政贯穿于教育教学的全过程和各领域,努力培养具有坚定信仰、高尚品德和扎实学识的社会主义建设者和接班人。同时,我们也要不断创新教育教学方法和手段,提高课程思政的针对性和实效性,为实现中华民族伟大复兴的中国梦贡献智慧和力量。

(三)课程设计理论与课程思政

在当代教育体系中,课程设计理论不仅是教学改革的基石,更是实现教育目标、促进学生全面发展的重要途径。特别是在课程思政的教学设计中,课程设计理论的重要性愈发凸显。它不仅为课程思政提供了方法依据,还强调了以学生为中心、全面发展的教育理念,对培养学生的创新精神和实践能力具有深远影响。

课程设计理论是一套关于如何科学、系统地设计课程的理念和方法体系。它强调课程设计应紧密围绕教育目标展开,充分考虑学生的认知特点和成长需求,通过合理的课程结构、内容选择和教学方法,实现知识传授、能力培养和价值塑造的有机结合。在课程设计中,以学生为中心是核心理念之一。这意味着课程设计要充分考虑学生的个体差异和兴趣爱好,尊重学生的主体地位,通过多样化的教学方式和手段,激发学生的学习兴趣和主动性。同时,课程设计还应关注学生的全面发展,不仅注重知识的传授,更要注重能力的培养和价值观的塑造。

课程思政作为一种全新的教育理念和教育模式,旨在通过课程教学实现价值引领、知识传授和能力培养的有机结合。在这个过程中,课程设计理论为课程思政提供了重要的方法依据。首先,课程思政应借鉴课程设计理论中的以学生为中心的理念。在课程思政的教学中,教师应充分考虑学生的个体差异和兴趣爱好,通过引入与学生生活密切相关的案例和情境,激发学生的学习兴趣和主动性。同时,教师还应关注学生的全面发展,注重培养学生的创新精神和实践能力,帮助学生树立正确的世界观、人生观和价值观。其次,课程思政应借鉴课程设计理论中的课程结构设计和内容选择方法。在课程思政的教学中,教师应根据教育目标和学生的成长需求,合理设计课程结构,选择具有针对性和实效性的教学内容。这包括选择符合社会主义核心价值观的教材内容、引入具有时代性和现实性的案例和情境、设计具有启发性和挑战性的教学任务等。最后,课程思政应借鉴课程设计理论中的教学方法和手段。在课程思政的教学中,教师应采用多样化的教学方法和手段,如案例教学、情境教学、讨论式教学等,以激发学生的学习兴趣和主动性。同时,教师还应注重培养学生的自主学习能力和合作学习能力,引导学生积极参与课堂讨论和实践活动,提高学生的综合素质和实践能力。

在实际教学中,课程设计理论为课程思政提供了丰富的应用策略和方法。案例教学法:通过引入与学生生活密切相关的案例,引导学生进行分析和讨论,帮助学生理解社会主义核心价值观的内涵和要求。这种教学方法能够激发学生的学习兴趣和主动性,提高学生的思维能力和解决问题的能力。情境教学法:通过创设具有现实性和针对性的教学情境,引导学生参与其中并体验其中的情感和价值。这种教学方法能够让学生更加深入地理解课程内容和社会现实,培养学生的情感体验和价值观塑造能力。讨论式教学法:通过组织学生进行课堂讨论和辩论活动,引导学生表达自己的观点和看法,培养学生的思辨能力和表达能力。这种教学方法能够激发学生的思维火花和创造力,促进学生的个性发展和全面进步。

随着教育改革的不断深入和课程思政的不断发展,课程设计理论在课程思政教学中的作用将越来越重要。加强课程设计理论与实践的结合:通过不断实践和总结课程设计理论在课程思政教学中的应用经验,进一步完善课程设计理论体系,提高课程思政的教学质量和效果。引入新的教学方法和手段:随着科技的不断进步和教育理念的更新,新的教学方法和手段不断涌现。课程设计理论将积极引入这些新的教学方法和手段,为课程思政的教学提供更加丰富的选择和支持。关注学生的全面发展:课程设计理论将更加注重学生的全面发展,关注学生的心理健康、情感体验和个性发展等方面。通过设计符合学生成长需求的课程体系和教学内容,促进学生的全面发展和社会适应能力的提高。

总之,课程设计理论在课程思政教学设计中具有重要的应用价值。通过借鉴课程设计理论中的先进理念和方法,我们可以构建符合学生认知规律和成长需求的课程体系,提高课程思政的针对性和实效性,为学生的全面发展和社会适应能力的提高奠定坚实的基础。

(四)课程思政的实践探索

在当今的高等教育体系中,课程思政不仅仅是一个简单的概念,它更是培养新时代社会主义建设者和接班人的重要途径。课程思政的实践探索,不仅是对其理论依据的检验,更是对教育理念、教学方法和人才培养模式的全面革新。各高校作为人才培养的摇篮,应当结合自身实际情况,积极探索课程思政的实现路径和开发设计,以实际行动推动思政教育与专业教育的深度融合。

课程思政的实践探索,首先是对其理论依据的实证检验。理论是行动的先导,但理论的生命力在于实践。只有经过实践的检验,理论才能不断得到完善和发展。课程思政作为一种教育理念,其理论依据在于培养具有高尚道德情操、深厚文化底蕴和强烈社会责任感的时代新人。通过实践探索,我们可以检验这一理论是否符合时代发展的需要,是否能够有效指导教育实践。

各高校在探索课程思政实现路径时,应充分考虑本校的专业特色、学生特点和教学资源等实际情况。一方面,可以将思政教育融入专业课程中,通过案例分析、讨论交流等方式,引导学生从专业角度思考社会问题,增强社会责任感;另一方面,可以开设专门的思政课程,通过系统讲授、专题讲座等形式,加强对学生的思想道德教育。此外,还可以利用校园文化、社会实践等活动,拓展思政教育的渠道和形式。

在课程思政的实践中,教学方法和资源建设的创新至关重要。高校应积极探索符合时代要求和学生特点的教学方法,如案例教学、情境教学、互动教学等,以激发学生的学习兴趣和主动性。同时,应加强教学资源建设,如建设思政课程网站、开发思政教学软件等,为学生提供丰富的学习资源和便捷的学习途径。

各高校在探索课程思政的过程中,应逐步形成具有本校特色的课程思政体系。这一体系应体现本校的教育理念、专业特色和人才培养目标,既要注重思政教育的普遍要求,又要突出本校的个性和特色。通过构建这一体系,可以使思政教育更加贴近实际、贴近生活、贴近学生,提高思政教育的针对性和实效性。

课程思政的实践探索是一个不断完善的过程。高校应加强对课程思政的评估和反馈工作,及时了解学生的学习情况和反馈意见,发现问题并及时改进。同时,应定期对课程思政进行效果评估和总结分析,总结经验教训并提出改进措施,以不断优化和完善课程体系、提高课程思政的质量和效果。

总之,课程思政的实践探索是一项长期而艰巨的任务。各高校应充分认识其重要性并付诸实践,不断探索创新形成具有本校特色的课程思政体系,为培养更多优秀人才贡献智慧和力量。

二、课程思政的内涵界定

在当今社会,随着全球化和信息化的快速发展,高职教育面临着前所未有的挑战和机遇。在这样的背景下,如何培养具有高尚品德、坚定信仰、创新思维和批判精神的新时代人才,成为高等教育的重要课题。课程思政作为一种新型的教育理念和教育模式,正是在这样的背景下应运而生,旨在通过全面深化教育教学改革,将思想政治教育贯穿人才培养全过程,实现知识传授、能力培养与价值引领的有机统一。在高职教育中,课程思政占据着举足轻重的地位。它不仅是高校思想政治工作的重要组成部分,更是落实立德树人根本任务的关键环节。通过课程思政,可以将思政教育元素有机融入各类课程中,使思政教育不再局限于传统的思政课堂,而是贯穿于学生的整个学习生涯。这不仅有助于提升学生的思想政治素质,还能有效促进学生的全面发展,为学生未来的成长和发展奠定坚实的基础。

(一)课程思政的内涵

课程思政作为一个教育体系的定义,是指将思想政治教育融入各类课程的教学过程,通过学科知识的传授,培养学生的思想政治素质和道德情操,实现知识传授、能力培养与价值引领的有机统一。它不仅是一种教学方法,更是一种教育理念和教育模式,旨在通过全面深化教育教学改革,促进学生的全面发展。

在理解课程思政的定义时,需要明确区分课程思政与思政课程的概念差异。思政课程通常指的是专门开设的思想政治理论课程,如"马克思主义基本原理概论""毛泽东思想和中国特色社会主义理论体系概论"等,这些课程以传授思想政治理论知识为主要内容,侧重于理论学习和思想教育。而课程思政则更加注重在各类非思政课程中融入思想政治教育元素,通过挖掘学科中的思政教育资源,将思政教育渗透到学生的日常学习中,使学生在学习专业知识的同时,受到思想政治教育的熏陶和影响。

强调课程思政在非思政课程中的应用和融合,是课程思政理念的重要体现。在非思政课程中,教师可以通过挖掘学科中的思政教育元素,将思政教育与学科知识相结合,引导学生思考学科知识与现实生活的联系,培养学生的思辨能力和批判精神。例如,在历史课程中,教师可以通过分析历史事件和人物,引导学生理解其中的思想观念和价值取向;在文学课程中,教师可以通过分析文学作品中的主题和人物形象,引导学生理解其中的道德观念和人生哲理。通过这种方式,课程思政不仅能够提升学生的思想政治素质,还能够促进学生的学科学习和全面发展。

因此,课程思政的定义强调了将思想政治教育融入各类课程的教学过程中,通过学科知识的传授,培养学生的思想政治素质和道德情操。同时,它注重在非思政课程中应用和融合思政教育元素,使思政教育贯穿于学生的整个学习生涯,为学生的全面发展提供有力支持。

(二)课程思政的目标

1. 培养学生的思想政治素质

深入理解马克思主义理论:课程思政的首要目标是帮助学生深入理解和掌握马克思主义理论,这是构建学生思想政治素质的基础。通过系统地学习和思考,学生能够形成对马克思主义理论的科学认识,从而具备坚实的理论基础。坚定政治信仰和正确政治方向:在深入理解马克思主义理论的基础上,课程思政要引导学生坚定共产主义远大理想和中国特色社会主义共同理想,明确自己的政治信仰和前进方向。这将有助于学生在复杂多变的社会环境中保持清醒的头脑和坚定的立场。

2. 引导学生形成正确的世界观、人生观和价值观

科学的世界观：课程思政要帮助学生树立科学的世界观，即正确认识世界的基本观点和方法。这包括认识世界的物质性、客观性和规律性，以及认识人与自然的关系、人与社会的关系等。通过科学世界观的树立，学生能够更好地理解和把握世界的发展规律，为未来的学习和生活提供指导。

积极的人生观：课程思政要引导学生树立积极的人生观，即积极面对人生、热爱生活、追求真理和进步。这包括正确看待人生的意义和价值，积极面对困难和挑战，以及追求个人成长和社会进步等。通过积极人生观的树立，学生能够形成积极向上的人生态度和精神风貌。

正确的价值观：课程思政要帮助学生树立正确的价值观，即明确什么是真善美、什么是假恶丑，以及如何在现实生活中践行这些价值观念。这包括培养学生的道德情操、社会责任感和公民意识等。通过正确价值观的树立，学生能够形成健康的价值取向和行为准则，为未来的社会生活和职业发展奠定基础。

3. 促进学生全面发展，成为德智体美劳全面发展的社会主义建设者和接班人

德育为先：课程思政要始终将德育放在首位，通过培养学生的道德品质和道德观念，引导学生形成高尚的道德情操和良好的行为习惯。这将有助于学生成为具有高尚品德和良好社会责任感的人。

智育为基：在德育的基础上，课程思政要注重智育的发展，即培养学生的科学文化素质和创新能力。通过系统的教学和训练，学生能够掌握扎实的专业知识和技能，具备创新意识和实践能力。这将有助于学生成为具有创新精神和实践能力的人才。

体育为基：健康的体魄是实现全面发展的基础。课程思政要注重学生的体育锻炼和身体健康，引导学生树立健康的生活方式和运动习惯。这将有助于学生形成健康的体魄和充沛的精力，为实现全面发展提供有力的保障。

美育为魂：美育是培养学生审美能力和人文素养的重要途径。课程思政要注重美育的渗透和融合，通过艺术欣赏、文化体验等方式，引导学生感受美的力量、理解美的价值、追求美的生活。这将有助于学生形成高尚的审美情趣和丰富的人文素养。

劳动为根：劳动是人类创造美好生活的基础。课程思政要注重劳动教育的实施和推广，通过组织学生参与劳动实践、培养劳动技能和劳动习惯等方式，引导学生树立正确的劳动观念和培养正确的劳动态度。这将有助于学生形成勤奋劳动、热爱劳动的优良品质。

总之，课程思政的目标是通过培养学生的思想政治素质、引导学生形成正确的世界观、人生观和价值观以及促进学生全面发展等方面的工作，将学生培养成为德智体美劳全面发展的社会主义建设者和接班人。

（三）课程思政的重要性和意义及未来发展

在当今高职教育体系中，课程思政以其独特的教育理念和方法，凸显出不可替代的重要性和意义。它不仅致力于提升学生的思想政治素质，还引导学生形成正确的世界观、人生观和价值观，促进学生德智体美劳全面发展，成为社会主义合格的建设者和接班人。

课程思政的重要性在于其全面的教育视角和深远的教育影响。通过接受系统的思想政治教育,学生能够在复杂多变的社会环境中保持清醒的头脑和坚定的立场,明确个人的奋斗目标和社会责任。同时,课程思政强调德育为先,注重培养学生的道德品质和社会责任感,使学生成为具有高尚品德和良好社会风尚的公民。

展望未来,课程思政的发展方向和趋势将更加注重实践性和创新性。随着社会的不断发展和变化,课程思政需要紧密结合时代要求和社会需求,不断更新教学内容和方式,注重学生的实践体验和创新能力培养。例如,可以引入更多实践项目和社会实践活动,让学生在实践中感受思政教育的力量和价值;同时,也可以利用现代科技手段,如虚拟现实、人工智能等,创新教学方式和方法,提高教学效果和质量。

三、课程思政的特点

课程思政作为现代教育体系中的重要组成部分,其特点鲜明,独具魅力。它不仅是一种教学方法或手段,更是一种教育理念和教育模式的体现。在课程思政的实践中,我们可以看到其综合性、实践性、渗透性和创新性等特点,这些特点共同构成了课程思政的独特魅力。

(一) 课程思政的综合性

课程思政的综合性主要体现在其涉及多个学科领域,具有跨学科性。在高等教育中,不同学科领域都有其独特的知识体系和研究方法,而课程思政正是通过跨学科的方式,将这些学科领域中的思政教育元素有机地融合在一起。这种综合性的特点使得课程思政能够更全面地培养学生的思想政治素质,使学生在学习专业知识的同时,也能够接收到系统的思想政治教育。

学科交叉:课程思政涵盖了哲学、政治学、历史学、文学、艺术学等多个学科领域,这些学科领域中的思政教育元素相互交叉、相互渗透,共同构成了课程思政的丰富内容。例如,在历史学课程中,可以通过分析历史事件和人物,引导学生理解其中的思想观念和价值取向;在文学课程中,可以通过分析文学作品中的主题和人物形象,引导学生理解其中的道德观念和人生哲理。

知识融合:课程思政强调将不同学科领域的知识融合在一起,形成综合性的知识体系。这种知识融合不仅有助于拓宽学生的知识视野,也有助于培养学生的综合素质。例如:在经济学课程中,可以引入社会学、政治学等学科的知识,分析经济现象背后的社会政治因素;在物理学课程中,可以介绍物理学家的科学精神和道德风范,引导学生树立正确的科学观念和道德观念。

方法综合:课程思政在教学方法上也体现出综合性的特点。它综合运用了讲授、讨论、案例分析、社会实践等多种教学方法,使学生能够在不同的学习情境中接受思政教育。这种教学方法的综合运用有助于提高学生的学习兴趣和参与度,使思政教育更加生动有趣。

(二) 课程思政的实践性

课程思政的实践性是其另一个显著特点。它强调通过实践活动进行思政教育,使学生在实践中体验、感悟和升华思想政治素质。这种实践性的特点使得课程思政能够更深入地影响学生的思想和行为,使其在接受思政教育的过程中形成正确的世界观、人生观和价值观。

社会实践:课程思政注重组织学生参与社会实践活动,如志愿服务、社会调查、实地考察等。这些实践活动使学生能够深入社会、了解国情、认识社会现象和问题,从而在实践中体验和感悟思政教育的内容和意义。通过社会实践,学生可以更直观地了解社会的复杂性和多样性,增强社会责任感和使命感。

实验教学:在一些自然科学和工程技术类课程中,课程思政可以通过实验教学的方式进行。通过实验操作、数据分析等活动,学生可以更深入地理解科学原理和技术应用背后的道德伦理问题。这种实验教学的方式有助于培养学生的科学精神和道德素质,使其在未来的职业生涯中能够遵循职业道德和规范。

校园活动:校园活动也是课程思政实践性的重要体现。通过组织各种形式的校园文化活动、主题班会、团日活动等,可以营造浓厚的思政教育氛围,使学生在参与活动的过程中接受思政教育。这些校园活动不仅可以丰富学生的课余生活,也有助于培养学生的团队协作精神和集体荣誉感。

(三) 课程思政的渗透性

课程思政的渗透性是其又一显著特点。它强调将思政教育渗透到各类课程中,使思政教育贯穿于学生的整个学习生涯。这种渗透性的特点使得课程思政能够更广泛地影响学生的思想和行为,使其在学习和生活中都能够接受到思政教育的熏陶和影响。

课程内容渗透:在各类课程中,教师可以深入挖掘学科中的思政教育元素,将其有机地融入课程内容中。通过案例分析、问题探讨等方式,引导学生思考学科知识与现实生活的联系,培养学生的思辨能力和批判精神。这种课程内容的渗透有助于使学生在学习专业知识的同时,接受到思政教育的熏陶和影响。

教学方法渗透:在教学方法上,课程思政也强调渗透性。教师可以通过讲授、讨论、案例分析等多种教学方法,将思政教育元素渗透到教学过程中。这种教学方法的渗透有助于激发学生的学习兴趣和提高参与度,使思政教育更加生动有趣。

校园文化渗透:在校园文化建设中,课程思政也发挥着重要作用。通过营造浓厚的思政教育氛围,如举办主题讲座、展览、文化活动等,可以使学生在日常生活中接受思政教育的熏陶和影响。这种校园文化的渗透有助于形成积极向上的校园氛围和学生精神风貌。

(四) 课程思政的创新性

课程思政的创新性是其又一个显著特点。它不断探索新的教育方法和手段,以适应时代的发展和学生的需求。这种创新性的特点使得课程思政能够保持活力和生命力,不断推动思政教育的发展和进步。

教育理念创新：课程思政在教育理念上不断创新，强调以人为本、以学生为中心的教育理念。它注重培养学生的自主性和创新精神，关注学生的全面发展和个性差异。这种教育理念的创新有助于更好地满足学生的需求和发展潜力。

教学内容创新：在教学内容上，课程思政不断探索新的思政教育资源和素材，以适应时代的发展和社会的需求。它关注社会热点和难点问题，引导学生思考和分析，培养学生的社会责任感和使命感。同时，课程思政也注重引入新领域、新知识，将思政教育与现代科技、文化艺术等紧密结合，使思政教育更加具有时代感和前瞻性。

教学方法创新：在教学方法上，课程思政不断创新，尝试采用多种新的教学方式和手段。例如，利用现代信息技术手段，如网络教育、在线课程等，打破传统课堂的时间和空间限制，使思政教育更加灵活和便捷。此外，课程思政还注重实践教学、案例教学等方法的运用，让学生在实践中体验和感悟思政教育的意义和价值。

教学团队创新：课程思政的教学团队也在不断创新。他们不仅具备扎实的学科知识和教学经验，还具备跨学科的知识背景和创新能力。他们注重团队协作和资源共享，积极探索新的教学方法和手段，不断提高思政教育的质量和水平。

评价体系创新：课程思政的评价体系也在不断创新。传统的思政教育评价往往侧重于知识记忆和应试能力，而课程思政则更注重学生的综合素质和实践能力。因此，在评价上，课程思政采用多元化的评价方式，如作业、报告、实践成果等，以全面、客观地评价学生的学习成果和思政教育效果。

第二节 轨道交通专业课程中课程思政的内容构建

一、轨道交通专业课程中课程思政的内容构建的背景

近年来，随着城市化进程的加速和人们生活水平的提高，城市轨道交通作为城市公共交通的重要组成部分，得到了迅猛发展。作为连接城市各区域、促进经济交流和人员往来的关键纽带，轨道交通的便捷性、高效性和环保性日益凸显，成为现代都市不可或缺的交通方式。随着轨道交通建设的不断深入和运营管理的日益复杂，对轨道交通专业人才的需求也日益增长，并且对人才的专业素养、创新能力和社会责任感提出了更高的要求。传统的轨道交通专业课程教学模式往往注重理论知识的传授和专业技能的培养，而忽视了对学生思想政治素质的培养。这种教育模式在一定程度上限制了学生的全面发展，也难以适应社会对高素质轨道交通人才的需求。

因此，轨道交通专业课程的教育教学改革势在必行。将思想政治教育融入专业课程，不仅有助于提升学生的专业素养，还能够培养学生的社会责任感和国家使命感。通过将思政教育与专业知识相结合，可以使学生在学习专业知识的同时，深刻理解并践行社会主义核心价值观，增强对国家和社会的认同感和归属感。这种教育模式有助于培养学生的

创新精神和实践能力,提高他们的综合素质和社会竞争力。

探讨轨道交通专业课程中课程思政的内容构建,对于丰富课程内容、提高教学质量、促进学生全面发展具有重要意义。首先,课程思政的内容构建可以丰富轨道交通专业课程的教学内容。传统的专业课程往往只关注专业知识的传授,而忽视了思政教育的融入。通过构建课程思政的内容体系,可以将思政教育与专业知识有机结合起来,使课程内容更加丰富和全面。其次,课程思政的内容构建可以提高轨道交通专业课程的教学质量。思政教育不仅可以培养学生的思想政治素质,还可以激发他们的学习兴趣和主动性。通过将思政教育融入专业课程,可以使学生更加深入地理解专业知识,提高他们的学习效果和学习质量。最后,课程思政的内容构建可以促进学生全面发展。思政教育不仅关注学生的知识学习,还注重他们的品德修养和社会责任感的培养。通过将思政教育融入专业课程,可以使学生在学习专业知识的同时,形成正确的价值观和世界观,提高他们的综合素质和社会竞争力。

二、课程思政的内涵与目标

(一)轨道交通专业课程思政的内涵

在轨道交通专业课程中,课程思政并非简单地将思想政治教育内容强加于专业课程之上,而是一种深度融合、相互促进的教育理念。它强调在传授专业知识的同时,注重培养学生的思想政治素质,使学生能够在学习轨道交通专业知识的过程中,深入理解并践行社会主义核心价值观,形成正确的世界观、人生观和价值观。

首先,课程思政在轨道交通专业课程中的定义可以理解为:在轨道交通专业课程的教学过程中,以社会主义核心价值观为引领,将思想政治教育与轨道交通专业知识教育相结合,通过科学的教学方法和手段,实现专业知识传授与思政教育的有机统一。这种教育模式旨在培养既具备专业技能又具备高尚品德的轨道交通人才。

其次,课程思政在轨道交通专业课程中呈现出以下几个特点。综合性:课程思政不仅关注专业知识的传授,还注重学生的思想政治素质培养。它要求教育者在教学过程中,既要注重专业知识的讲解,又要引导学生关注社会现实、思考人生价值,实现专业教育与思政教育的相互渗透和融合。实践性:课程思政强调理论与实践相结合。在轨道交通专业课程中,教育者可以通过组织学生实地考察、参与社会实践等方式,让学生在实践中深化对专业知识的理解和应用,同时培养学生的实践能力和社会责任感。创新性:课程思政鼓励教育者在教学内容、教学方法和手段上进行创新。教育者可以根据轨道交通行业的发展趋势和人才培养需求,不断更新教学内容和教学方法,使课程思政更具针对性和实效性。

最后,课程思政在轨道交通专业课程中发挥着重要作用。第一,引导学生形成正确的价值观。通过课程思政的教育,学生可以在学习专业知识的过程中,深入理解社会主义核心价值观的内涵和要求,形成正确的世界观、人生观和价值观。第二,增强学生的社会责任感。课程思政注重培养学生的社会责任感和家国使命感。通过引导学生关注社会现实、思考人生价值,使学生可以更加深刻地认识到自己在社会中的责任和使命,为国家和社会的发展贡献自己的力量。第三,提高学生的综合素质。课程思政强调专业教育与思政教育的融合,旨在培养既具备专业技能又具备高尚品德的轨道交通人才。通过课程思政的教育,学生的综合素质可以得到全面提升,为未来的职业发展奠定坚实基础。

(二)轨道交通专业课程思政的目标

培养学生的社会主义核心价值观:通过课程思政的教育,引导学生深入理解社会主义核心价值观的内涵和要求,自觉践行社会主义核心价值观,成为具有高尚品德的轨道交通人才。

培养学生的职业道德:在轨道交通行业中,职业道德是人才素质的重要组成部分。通过课程思政的教育,培养学生的职业道德意识,使他们在未来的工作中能够遵守职业道德规范,为行业发展作出贡献。

培养学生的创新能力:随着轨道交通行业的不断发展,对人才的创新能力提出了更高要求。通过课程思政的教育,激发学生的创新精神和实践能力,培养他们的创新思维和创新能力,为行业的创新发展提供有力支持。

三、轨道交通专业课程中课程思政的内容构建

(一)专业知识与思政元素的融合

在轨道交通专业课程中,将专业知识与思政元素有机融合,不仅能够丰富教学内容,还能有效地提升学生的综合素质。通过深入分析轨道交通专业课程中的知识点,我们可以挖掘出许多与思政元素紧密相关的内容,进而实现专业知识与思政元素的有机结合。

1. 轨道交通发展史与国家战略

轨道交通的发展历程是国家工业化和现代化进程的缩影。在教学过程中,教师可以结合我国轨道交通的发展史,介绍轨道交通在国家经济社会发展中的重要作用。从最初的蒸汽机车到如今的高速铁路、城市地铁,每一步的发展都凝结着人民的智慧和力量。通过介绍这些,学生可以深刻感受到我国轨道交通事业的辉煌成就,从而增强国家自豪感和使命感。同时,教师还可以引导学生思考轨道交通与国家战略之间的关系,如"一带一路"倡议下的国际轨道交通合作等,培养学生的国际视野和战略眼光。

2. 轨道交通安全与责任意识

安全是轨道交通永恒的主题。在教学过程中,教师可以结合轨道交通安全案例,如列车脱轨、信号故障等事故,强调安全意识和责任意识的重要性。通过分析事故原因和后果,让学生深刻认识到安全对于轨道交通的重要性,并引导他们反思自己在未来的工作中应该如何保障安全。此外,教师还可以组织学生开展安全教育活动,如模拟演练、安全知识竞赛等,让学生在实践中增强安全意识和责任感。

3. 轨道交通创新与科技进步

创新是推动轨道交通发展的不竭动力。在教学过程中,教师可以探讨轨道交通领域

的科技创新和发展趋势,如自动驾驶、智能调度等前沿技术。通过介绍这些技术的原理和应用前景,激发学生的创新精神和求知欲。同时,教师还可以鼓励学生参与科研项目和实践活动,培养他们的科研能力和创新精神。这样不仅可以提高学生的专业素养,还可以为他们未来的职业发展打下坚实基础。

(二) 思政实践活动的组织与开展

为了让学生更好地理解和应用思政理论,教师可以设计符合轨道交通专业特点的思政实践活动。

实地考察。组织学生参观轨道交通企业、施工现场等场所,让学生亲身感受轨道交通的实际运行情况和建设过程。通过实地考察,学生可以更加深入地了解轨道交通的专业知识和技术特点,同时也可以增强自身的实践能力和社会责任感。

社会服务。引导学生参与轨道交通相关的社会服务活动,如志愿者服务、公益活动等。通过这些活动,学生可以了解轨道交通在社会中的作用和价值,同时也可以培养他们的社会责任感和奉献精神。例如,可以组织学生参与轨道交通车站的志愿服务活动,为乘客提供咨询和帮助服务。

科研项目。鼓励学生参与轨道交通领域的科研项目,培养他们的科研能力和创新精神。通过参与科研项目,使学生可以了解轨道交通领域的最新研究动态和技术趋势,同时也可以提高实践能力和创新能力。例如,可以组织学生参与轨道交通信号控制系统的研究项目或参与轨道交通车辆的设计和制造工作。

四、课程思政的教学方法与手段

(一) 教学方法

启发式教学法:启发式教学法强调学生的主动思考和探索。在轨道交通专业课程中,教师可以通过提出问题、引导思考、启发探索等方式,激发学生对专业知识的兴趣和思考。例如,在介绍轨道交通发展史时,教师可以提出"为什么轨道交通在现代城市中如此重要?"等问题,引导学生深入思考轨道交通在社会发展中的作用。

讨论式教学法:讨论式教学法鼓励学生积极参与课堂讨论,通过集体智慧解决问题。在轨道交通专业课程中,教师可以组织学生进行小组讨论或全班讨论,就某一专题或案例进行深入探讨。这样不仅可以培养学生的沟通能力和团队协作精神,还能加深他们对专业知识的理解和应用。

案例式教学法:案例式教学法以实际案例为基础,通过分析案例来传授知识和技能。在轨道交通专业课程中,教师可以引入轨道交通安全案例、技术创新案例等,让学生在分析案例的过程中了解专业知识的实际应用和重要性。通过案例式教学,使学生可以更加直观地理解专业知识,同时也能培养他们的分析能力和解决问题的能力。

(二) 教学手段

多媒体教学:多媒体教学利用图像、声音、动画等多种媒体形式呈现教学内容,使教学更加生动、形象。在轨道交通专业课程中,教师可以运用多媒体教学展示轨道交通系统的结构、工作原理、运行过程等,帮助学生更好地理解专业知识。同时,多媒体教学还可以提高学生的学习兴趣和积极性,提升教学效果。

网络教学:网络教学利用互联网资源进行在线教学和学习。在轨道交通专业课程中,教师可以运用网络教学平台发布教学资料、布置作业、组织在线讨论等。学生可以随时随地进行学习,实现个性化学习需求。此外,网络教学还可以加强师生之间的互动和交流,促进教学相长。

总之,在轨道交通专业课程中融入思政教育需要采用科学、多样且富有创新性的教学方法和手段。通过启发式、讨论式、案例式等多种教学方法以及多媒体教学、网络教学等现代教学手段的运用,可以激发学生的学习兴趣和主动性,提高教学效果。同时,这些教学方法和手段也可以培养学生的综合素质和能力,为他们的未来发展奠定坚实基础。

五、课程思政的评价与反馈

在轨道交通专业课程中实施思政教育的过程中,构建科学合理的评价体系和建立及时有效的反馈机制至关重要。它们不仅能够全面了解课程思政的实施情况,还能够及时发现问题并进行调整和改进,进而促进课程思政的持续发展和优化。

(一)评价体系

课程思政的评价体系应当是多维度、全方位的,包括学生评价、教师评价和教学管理部门评价等方面。

学生评价:学生是课程思政的直接参与者,他们的评价具有重要的参考价值。学生评价可以包括对学习内容的满意度、对教学方法和手段的接受程度、对思政教育的理解和认同等方面。通过问卷调查、座谈会等方式收集学生的意见和建议,可以及时了解学生对课程思政的反馈,为改进教学提供依据。

教师评价:教师是课程思政的主要实施者,他们的评价能够反映教学过程中的实际情况。教师评价可以包括对自身教学方法和手段的评价、对思政教育内容的理解和把握程度、对学生学习效果的观察和分析等方面。通过教学反思、教学研讨会等方式,教师可以互相学习、互相借鉴,共同提高教学水平。

教学管理部门评价:教学管理部门是课程思政的组织者和监督者,他们的评价能够全面反映课程思政的整体情况。教学管理部门评价可以包括对教师教学的评估、对学生学习成果的检验、对课程思政实施效果的总结等方面。通过定期检查、督导等方式,教学管理部门可以及时发现课程思政实施过程中存在的问题,提出改进意见,推动课程思政的持续发展。

(二)反馈机制

建立及时有效的反馈机制是课程思政评价的重要环节。通过反馈机制,可以及时了解课程思政实施过程中发现的问题,并进行调整和改进。

问题收集:在评价过程中,要广泛收集各方面的问题和建议。可以通过学生反馈、教师反馈、教学管理部门反馈等多种渠道收集问题,确保问题的全面性和准确性。

问题分析:对于收集到的问题,要进行深入的分析和研究。要找出问题的根源和原因,明确问题的性质和影响范围,为制定改进措施提供依据。

改进措施:根据问题的分析结果,制定相应的改进措施。改进措施要具有针对性和可操作性,能够切实解决问题并推动课程思政的持续发展。同时,要制定具体的实施计划和时间表,确保改进措施能够得到有效执行。

跟踪反馈:在改进措施实施后,要进行跟踪反馈。要了解改进措施的执行情况和效果,及时发现问题并进行调整和改进。同时,要将跟踪反馈的结果反馈给相关人员和部门,促进课程思政的持续发展和优化。

构建科学合理的评价体系和建立及时有效的反馈机制是课程思政实施过程中不可或缺的两个环节。它们能够帮助教师全面了解课程思政的实施情况,及时发现问题并进行调整和改进,为课程思政的持续发展提供有力保障。

在轨道交通专业课程中构建课程思政内容的研究过程中,我们取得了显著的研究成果。首先,我们成功地将思政教育元素与轨道交通专业知识深度融合,形成了一套独具特色的课程体系。这一体系不仅涵盖了轨道交通的发展历程、技术创新、安全管理等专业知识,更在其中贯穿了国家发展战略、社会责任意识、创新精神等思政元素,使学生在学习专业知识的同时,也能够深入理解并践行社会主义核心价值观。

在具体的教学实践中,我们采用了启发式、讨论式、案例式等多种教学方法,并借助多媒体教学、网络教学等现代教学手段,有效激发了学生的学习兴趣和主动性,提高了教学效果。同时,我们也构建了一个科学合理的评价体系,通过学生评价、教师评价和教学管理部门评价等多个维度,全面了解了课程思政的实施情况,为课程的持续改进提供了有力支持。

第三节 轨道交通专业课程中课程思政的实践策略

随着城市化进程的快速推进,城市轨道交通作为现代城市交通体系中的核心组成部分,其重要性日益凸显。它不仅承载着城市发展的交通重任,更是城市文明进步的重要象征。然而,仅仅关注城市轨道交通的技术发展与建设规模,已不能满足当下社会对高素质专业人才的需求。在这一背景下,如何在城市轨道交通专业课程中有效融入思政教育,培养具备社会责任感、职业道德和创新精神的专业人才,成为当前教育领域亟待解决的问题。

思政教育作为培养学生综合素质和道德品质的重要途径,其重要性不言而喻。然而,在实际教学中,思政教育往往与专业课程相脱节,导致思政教育难以深入学生的内心,也难以产生实际的教学效果。因此,探索城市轨道交通专业课程思政的实践策略,实现思政教育与专业课程的有机融合,具有重要的理论意义和实践价值。

一、城市轨道交通专业课程思政教育的理论基础

在当今社会,城市轨道交通作为城市交通系统的关键组成部分,其专业课程不仅涵盖了技术、工程和管理等多方面的知识,同时也承载着培养具备高度职业素养和道德水平的专业人才的重要使命。思政教育作为培养学生综合素质和道德品质的重要途径,在城市轨道交通专业课程中发挥着不可或缺的作用。以下将深入探讨思政教育与城市轨道交通专业课程的关系、定位、影响、功能与价值,以及融合的可行性分析。

(一)思政教育与城市轨道交通专业课程的关系

思政教育与城市轨道交通专业课程之间存在着密切的联系。首先,二者在教育目标上具有一致性,都致力于培养德智体美劳全面发展的社会主义建设者和接班人。其次,思政教育与专业课程在教学内容上相互渗透、相互补充。城市轨道交通专业课程中蕴含着丰富的思政元素,如安全意识、职业道德、团队协作等,这些元素与思政教育的内容相互呼应,共同构成了完整的教育体系。

(二)思政教育在城市轨道交通专业课程中的定位

在城市轨道交通专业课程中,思政教育应被定位为引领和支撑。一方面,思政教育通过引导学生树立正确的世界观、人生观和价值观,为专业课程的学习提供思想保障和精神动力。另一方面,思政教育通过培养学生的社会责任感、使命感和创新精神,为城市轨道交通行业的可持续发展提供人才支持。因此,思政教育在城市轨道交通专业课程中应占据重要地位,成为推动学生全面发展的重要力量。

(三)思政教育对城市轨道交通专业课程的影响

提升教学质量:思政教育通过强化学生的道德观念和社会责任感,使学生更加珍惜学习机会,更加努力地学习专业知识,从而提高教学质量。

增强学生综合素质:思政教育注重培养学生的创新精神和实践能力,使学生具备更强的综合素质和适应能力,更好地适应城市轨道交通行业的发展需求。

促进学生全面发展:思政教育关注学生的身心健康和全面发展,通过丰富多彩的实践活动和校园文化活动,为学生提供广阔的发展空间,促进学生的全面发展。

(四)思政教育在城市轨道交通专业课程中的功能与价值

提升学生的职业素养与道德水平:思政教育通过培养学生的职业道德、职业精神和职业行为规范,使学生具备高度的职业素养和道德水平,为城市轨道交通行业的健康发展提供有力保障。

培养学生的社会责任感与使命感:思政教育引导学生关注社会、关注民生、关注未来,培养学生的社会责任感和使命感,使学生明确自己的责任和使命,为城市轨道交通行业的可持续发展贡献自己的力量。

促进学生全面发展:思政教育关注学生的全面发展,通过培养学生的创新精神、实践能力、团队协作能力等综合素质,使学生具备更强的竞争力和适应能力,更好地适应城市轨道交通行业的发展需求。

(五)思政教育与城市轨道交通专业课程融合的可行性分析

课程内容与思政元素的契合点:城市轨道交通专业课程中蕴含着丰富的思政元素,如安全意识、职业道德、团队协作等。这些元素与思政教育的内容相互契合,为二者的融合提供了有力的支撑。

教学方法与思政教育的融合方式:在教学方法上,城市轨道交通专业课程可以采用案例分析、小组讨论、角色扮演等多种方式,使学生在学习专业知识的同时,接受思政教育的熏陶和启迪。同时,教师也可以将思政教育的内容融入专业课程的教学中,使二者相互渗透、相互促进。

实践教学与思政教育的结合:城市轨道交通专业课程具有很强的实践性,学生需要通过实践活动来巩固和应用所学知识。在实践教学中,教师可以结合思政教育的内容,设计具有思政内涵的实践活动,使学生在实践中体验思政教育的价值和意义。

综上所述,思政教育与城市轨道交通专业课程之间存在密切的联系和内在的价值联系。通过深入挖掘二者之间的契合点,采用合适的教学方法和手段,可以实现思政教育与城市轨道交通专业课程的有机融合,为学生的全面发展提供有力的保障。

二、城市轨道交通专业课程思政教育的实践策略

在城市轨道交通专业课程中融入思政教育,不仅是对学生综合素质的全面提升,更是对城市轨道交通行业未来发展的有力保障。为了实现这一目标,我们需要从课程内容、教学方法、实践教学以及教师队伍建设等多个方面入手,制定切实可行的实践策略。

(一)课程内容方面的实践策略

1. 挖掘城市轨道交通专业课程中的思政元素

城市轨道交通专业课程涵盖了规划、设计、施工、运营等多个方面,其中蕴含着丰富的思政元素。例如:在规划课程中,可以强调规划的社会责任与公共利益,引导学生思考如何平衡各方利益,实现城市的可持续发展;在设计课程中,可以强调设计的创新性与实用性,引导学生关注社会需求,注重人性化设计;在施工课程中,可以强调安全生产与质量管理的重要性,引导学生树立安全意识和质量意识;在运营课程中,可以强调服务意识与团队协作,引导学生关注乘客需求,提升服务质量。通过深入挖掘这些思政元素,我们可以将思政教育有机地融入城市轨道交通专业课程中。

2. 设计具有思政内涵的课程案例与项目

为了使学生更好地理解和接受思政教育,我们可以设计一些具有思政内涵的课程案例与项目。例如:在规划课程中,可以引入一些城市发展的典型案例,引导学生分析这些案例中的思政元素,思考如何将这些元素运用到自己的规划实践中;在设计课程中,可以

设计一些具有创新性和实用性的设计项目,让学生在实践中体验思政教育的价值和意义;在施工课程中,可以模拟一些安全事故和质量问题,让学生在模拟中学会如何预防和处理这些问题;在运营课程中,可以组织一些志愿服务活动,让学生在服务中感受社会责任和使命感。这些案例与项目的设计,不仅可以使学生更好地理解和接受思政教育,还可以提高他们的实践能力和综合素质。

【案例】

城市轨道交通概论课程案例:构建"绿色出行"的地铁规划与设计

1. 案例背景

随着城市化进程的加速,交通拥堵和环境污染问题日益严重。为了推动城市的可持续发展,某市决定进行新一轮的城市轨道交通规划与设计。作为城市轨道交通概论课程的一部分,我们将引导学生参与到一个模拟的"绿色出行"地铁规划与设计项目中,通过实际操作,让学生深入理解思政教育与城市轨道交通专业课程的融合。

2. 案例目标

培养学生的社会责任感和公共利益意识,使学生理解城市轨道交通在可持续发展中的重要作用。

提升学生的创新能力和实践能力,通过设计"绿色出行"地铁方案,培养学生的创新思维和实际操作能力。

引导学生关注社会需求,注重人性化设计,提升服务质量,培养团队协作精神。

3. 案例内容

规划阶段:引导学生学习城市轨道交通规划的基本原理和方法,了解规划的社会责任与公共利益。分析当前城市交通状况和环境问题,讨论如何通过轨道交通规划来解决这些问题。分组进行模拟规划,每组提出一个"绿色出行"的地铁规划方案,包括线路设计、站点设置、换乘方式等。

设计阶段:强调设计的创新性与实用性,引导学生关注社会需求,注重人性化设计。讲解地铁车站和车辆的设计要点,包括无障碍设施、节能环保措施、乘客舒适度等。要求学生根据规划方案,设计具体的地铁车站和车辆模型,并展示设计成果。

实践阶段:模拟施工过程中的安全管理和质量管理,强调安全生产与质量管理的重要性。通过角色扮演或模拟游戏的方式,让学生体验施工过程中的各种问题和挑战,并学会预防和处理这些问题。

运营阶段:强调服务意识与团队协作,引导学生关注乘客需求,提升服务质量。设计模拟的地铁运营场景,让学生扮演不同角色(如司机、站务员、乘客等),体验地铁运营的全过程。引导学生思考如何提升服务质量,包括提供信息指引、处理突发事件等。

4. 案例实施

分组合作:学生按照兴趣和能力进行分组,每组4~5人,共同完成规划、设计、施工和运营四个阶段的任务。

教师指导:教师在整个过程中提供必要的指导和支持,解答学生的疑问,引导学生深入思考和实践。

成果展示:每个小组在完成项目后,进行成果展示和汇报,包括规划方案、设计模型、施工模拟和运营体验等内容。

评价反馈:教师和其他小组对展示成果进行评价和反馈,提出改进意见和建议,促进学生之间的交流和学习。

5. 案例意义

通过参与"绿色出行"地铁规划与设计项目,学生不仅能够深入理解城市轨道交通专业课程中的思政元素,还能提升实践能力和综合素质。同时,该案例还能够培养学生的社会责任感和公共利益意识,引导学生关注社会需求,注重人性化设计,提升服务质量。此外,该案例还能够促进教师与学生之间的互动和交流,提高课程的教学质量和效果。

6. 深入理解思政教育

在"绿色出行"地铁规划与设计案例的各个环节中,我们将通过一系列实践活动和深入思考,让学生更加深入地理解思政教育的内涵和价值。

(1) 社会责任与公共利益

引入案例分析:分析国内外成功与失败的地铁规划案例,探讨其中蕴含的社会责任和公共利益观念。让学生明确,地铁规划不仅是技术工程,更是关乎社会和谐、环境保护和人民福祉的重要决策。

角色扮演与辩论:学生分组扮演政府、市民、开发商等不同角色,就地铁规划中的利益冲突进行辩论。通过辩论,让学生深刻理解各方利益平衡的重要性,并思考如何在实践中寻求共赢。

(2) 创新精神与实践能力

创意大赛:组织学生进行地铁规划与设计的创意大赛。鼓励学生发挥想象力,提出创新性的规划和设计方案。通过比赛,培养学生的创新意识和实践能力,并让他们明白创新是推动社会进步的重要动力。

实践操作:在设计阶段,让学生亲自动手进行地铁车站和车辆的模型制作。通过实践操作,让学生深入了解设计的复杂性和挑战性,并培养他们的动手能力和解决问题的能力。

(3) 团队协作与服务意识

团队任务:将项目分解为多个子任务,每个小组负责一个子任务。通过团队合作,完成整个项目的规划与设计。在合作过程中,培养学生的团队协作能力和沟通能力,并让他们认识到团队协作对于项目成功的重要性。

模拟运营:在运营阶段,组织学生进行模拟地铁运营活动。让学生扮演不同角色,体验地铁运营的各个环节。通过模拟运营,让学生深入了解服务工作的艰辛和重要性,并培养他们的服务意识和团队协作精神。

(4) 价值观念的引导

专题讲座:邀请行业专家或学者进行专题讲座,就城市轨道交通与思政教育的关系进行深入探讨。通过讲座,引导学生思考如何在专业领域中践行社会主义核心价值观,培养他们的价值观念和道德观念。

论文写作:要求学生撰写关于城市轨道交通与思政教育相结合的论文。在论文写作过程中,引导学生深入思考思政教育与专业课程的融合点,并表达自己的观点和见解。通过论文写作,培养学生的思辨能力和表达能力,并加深他们对思政教育的理解。

(5) 反思与自我提升

项目总结:在项目完成后,组织学生进行项目总结。让学生回顾整个项目过程,总结自己的收获和不足,并提出改进措施。通过项目总结,让学生更加深入地理解思政教育的内涵和价值,并促进他们的自我提升和成长。

反馈与交流:鼓励学生之间进行反馈和交流,分享彼此的经验和感悟。通过反馈和交流,让学生相互学习、相互促进,共同提升对思政教育的理解和实践能力。

通过以上措施的实施,我们旨在让学生在"绿色出行"地铁规划与设计案例中更加深入地理解思政教育,将思政教育与城市轨道交通专业课程相结合,培养他们的社会责任感、创新精神、团队协作能力和价值观念。这将有助于他们在未来的学习和工作中更好地发挥专业知识和技能,为社会作出更大的贡献。

7. 案例延伸

除了课程内的实践项目外,我们还可以将"绿色出行"地铁规划与设计案例延伸到课外活动中。例如:组织学生参观实际的地铁施工现场和运营线路,让他们亲身感受地铁建设的艰辛和成果;邀请地铁行业的专家来校举办讲座和交流活动,让学生了解地铁行业的最新动态和发展趋势;组织学生开展相关的志愿服务活动,如为乘客提供信息指引、帮助特殊群体出行等,培养他们的社会责任感和使命感。通过这些延伸活动,让学生更加深入地理解思政教育在城市轨道交通专业课程中的重要作用和价值,提升他们的综合素质和社会责任感。

(二) 教学方法方面的实践策略

1. 采用案例分析、小组讨论等教学方法融入思政教育

在城市轨道交通专业课程中,我们可以采用案例分析、小组讨论等教学方法来融入思政教育。例如:在规划课程中,我们可以选取一些典型的城市规划案例,让学生分组进行讨论和分析,引导他们思考这些案例中的思政元素和规划理念;在设计课程中,我们可以让学生分组进行设计项目,让他们在合作中体验团队协作和创新的重要性;在施工课程中,我们可以组织学生进行安全事故模拟和分析,让他们学会如何预防和处理安全事故;在运营课程中,我们可以组织学生进行志愿服务活动,让他们在服务中感受社会责任和使命感。这些教学方法的运用,不仅可以使学生更好地理解和接受思政教育,还可以提高他们的思维能力和表达能力。

【案例】

城市轨道交通概论课程案例:采用案例分析、小组讨论等教学方法融入思政教育。

(1) 规划课程中的案例分析

案例选取:选择"新加坡花园城市"的规划案例作为教学素材。新加坡以其高效的城市规划、绿色的城市环境和卓越的社会服务闻名于世。

教学方法:案例分析——教师首先介绍新加坡花园城市的背景、规划理念和实施效果。随后,引导学生分组讨论并分析该案例中蕴含的思政元素,如公共利益与社会责任、可持续发展等。小组讨论——学生分组就新加坡的规划案例进行讨论,探讨其规划理念

在城市轨道交通规划中的适用性。每组提出自己的见解和建议,并进行展示和交流。

效果:通过案例分析,学生不仅能深入理解规划理念,还能将思政教育中的社会责任、公共利益等理念与城市轨道交通规划相结合,形成更为全面和深入的认知。

(2)设计课程中的小组设计项目

项目背景:设定一个假设的城市环境,要求学生设计一条符合该城市特色的地铁线路。

教学方法:分组设计——学生自由组队,每组 4~5 人。教师给出设计要求和限制条件,如线路长度、站点数量、换乘方式等。团队协作——在设计过程中,强调团队协作的重要性。学生需要共同讨论、分工合作,完成设计方案。在合作中,学生将体验到团队协作和创新的重要性。成果展示——设计完成后,每组进行成果展示,包括设计思路、线路图、站点设计等。其他组可以对展示成果进行评价和反馈。

效果:通过小组设计项目,学生不仅能提升设计能力,还能在团队协作中深化对思政教育中团队合作、创新等理念的理解。

(3)施工课程中的安全事故模拟与分析

模拟场景:设定一个地铁施工过程中的安全事故场景,如坍塌、火灾等。

教学方法:模拟演练——学生分组进行安全事故模拟演练,模拟事故发生时的紧急处理流程。教师提供指导和支持,确保演练的安全和有效。事故分析——模拟演练结束后,学生分组进行讨论和分析,找出事故发生的原因和存在的问题。教师引导学生思考如何预防和处理类似的安全事故。

效果:通过安全事故模拟与分析,学生将深刻认识到安全生产与质量管理的重要性,并在实践中学会如何预防和处理安全事故,提升安全意识。

(4)运营课程中的志愿服务活动

活动内容:组织学生进行地铁志愿服务活动,如引导乘客、协助购票、解答疑问等。

教学方法:志愿服务——学生分组进行志愿服务活动,亲身体验地铁运营的全过程。在服务中,学生将感受到服务工作的艰辛和乐趣,并增强对乘客需求的关注度。经验分享——志愿服务结束后,学生分享自己的服务经历和感受。教师引导学生思考如何在服务中体现社会责任感和使命感。

效果:通过志愿服务活动,学生将深刻体验到服务工作的重要性,并在实践中提升服务意识和团队协作能力,加深对思政教育中服务精神和社会责任的理解。

2. 利用现代信息技术手段创新思政教育形式

随着信息技术的不断发展,我们可以利用现代信息技术手段来创新思政教育形式。例如:我们可以利用多媒体教学设备展示一些与城市轨道交通相关的思政内容,如安全宣传视频、职业道德案例等;我们还可以利用在线教学平台组织学生进行在线讨论和互动,让他们随时随地参与思政教育;此外,我们还可以利用虚拟现实(VR)和增强现实(AR)等技术模拟城市轨道交通场景,让学生在虚拟环境中体验思政教育的魅力和价值。这些现代信息技术手段的运用,可以使思政教育更加生动、直观和有趣,提高学生的参与度和积极性。

(三)实践教学方面的实践策略

1. 开展与城市轨道交通行业相关的社会实践活动

为了使学生更好地了解城市轨道交通行业的实际情况和发展趋势,我们可以开展一些与城市轨道交通行业相关的社会实践活动。例如,我们可以组织学生参观城市轨道交通车站和车辆段等场所,让他们了解城市轨道交通的运营管理和技术设备;我们还可以组织学生参与城市轨道交通的志愿服务活动,如协助乘客购票、引导乘客上下车等,让他们在实践中感受社会责任和使命感。这些社会实践活动的开展,不仅可以使学生更好地了解城市轨道交通行业的实际情况和发展趋势,还可以提高他们的实践能力和综合素质。

2. 搭建校企合作平台,加强实践教学与思政教育的结合

为了加强实践教学与思政教育的结合,我们可以搭建校企合作平台,与企业合作开展实践教学活动。例如:我们可以与城市轨道交通企业合作建立实训基地或实验室,让学生在实践中学习和掌握城市轨道交通的相关知识和技能;我们还可以与企业合作开展科研项目或技术服务项目,让学生在参与项目的过程中体验团队协作和创新的重要性。这些校企合作平台的搭建,不仅可以使学生更好地了解城市轨道交通行业的实际需求和发展方向,还可以加强实践教学与思政教育的结合,提高学生的实践能力和综合素质。

(四)教师队伍建设方面的实践策略

1. 加强教师思政教育与专业知识的培训

为了提高教师的思政教育水平和专业素养,我们需要加强教师思政教育与专业知识的培训。例如,我们可以组织教师参加思政教育培训班或研讨会,学习最新的思政教育理念和教学方法;我们还可以邀请行业专家或学者来校举办讲座或授课,与教师分享最新的行业知识和技术动态。这些培训活动的开展,不仅可以提高教师的思政教育水平和专业素养,还可以促进教师之间的交流与合作。

2. 鼓励教师参与思政教育与专业课程融合的研究与实践

为了鼓励教师积极参与思政教育与专业课程融合的研究与实践,我们可以设立相关的研究项目或课题,为教师提供研究经费和资源支持,我们还可以建立激励机制和奖励机制,对在思政教育与专业课程融合方面取得显著成果的教师给予表彰和奖励。这些措施的实施,不仅可以激发教师的积极性和创造性,还可以推动思政教育与专业课程融合的深入发展。

三、城市轨道交通专业课程思政教育的实施效果评估

随着城市轨道交通专业课程思政教育的深入推进,对于其实施效果的评估显得尤为重要。有效的评估不仅能够客观反映思政教育的融入程度和教学质量,还能为未来的教学改革提供有力的数据支持和改进方向。下面将从评估指标体系构建、评估方法与流程以及评估结果分析与反馈三个方面进行详细阐述。

(一)评估指标体系构建

评估指标体系的构建是实施效果评估的基础,它应该全面、客观、准确地反映思政教育的实施效果。针对城市轨道交通专业课程思政教育的特点,我们可以从学生学习成果、教师教学效果以及思政教育融入程度三个方面构建评估指标体系。

学生学习成果评估指标。学生学习成果是评估思政教育实施效果的重要指标之一。这一指标可以包括学生对思政知识的掌握程度、思政素养的提升情况、对城市轨道交通行业的认识与理解等方面。具体可以通过考试成绩、作业质量、课堂表现、实践报告等多种方式进行评估。同时,还可以引入学生自评和互评的方式,全面了解学生的学习情况和反馈。

教师教学效果评估指标。教师教学效果是评估思政教育实施效果的另一个重要指标。这一指标可以包括教师的教学态度、教学方法、教学效果等方面。具体可以通过听课评价、学生评价、同行评价等多种方式进行评估。同时,还可以关注教师在教学过程中的创新实践和对思政教育的投入程度,以全面评价教师的教学效果。

思政教育融入程度评估指标。思政教育融入程度是评估思政教育实施效果的关键指标之一。这一指标可以包括思政元素在专业课程中的融入情况、思政教育与专业课程的融合程度、思政教育的实践效果等方面。具体可以通过课程大纲、教案、课堂实录、实践报告等多种方式进行评估。同时,还可以关注学生对思政教育的接受程度和满意度,以全面评价思政教育的融入程度。

(二)评估方法与流程

评估方法与流程的制定是实施效果评估的关键环节。下面将详细介绍评估方法与流程的具体内容。

评估方法。评估方法应该多样化、全面化,以确保评估结果的客观性和准确性。可以采用问卷调查、访谈、观察等多种方法进行评估。问卷调查可以全面了解学生和教师的意见和建议;访谈可以深入了解学生和教师的具体感受和需求;观察可以直观了解课堂教学和实践教学的实际情况。同时,还可以结合实际情况采用其他适用的评估方法。

评估流程。评估流程应该明确、具体,以确保评估工作的有序进行。首先,需要明确评估的目的和对象,确定评估指标体系和评估方法。其次,需要制定详细的评估计划和时间安排,明确评估工作的具体步骤和责任人。然后,按照评估计划和时间安排进行具体的评估工作,收集数据和资料。最后,对收集到的数据和资料进行统计分析,形成评估报告,并及时反馈评估结果。

(三)评估结果分析与反馈

评估结果的分析与反馈是实施效果评估的最后一个环节,也是最为关键的环节之一。下面将详细介绍评估结果分析与反馈的具体内容。

评估结果分析。对评估结果进行统计分析需要对收集到的数据和资料进行整理、分类和统计分析,找出问题与不足。同时,还需要对评估结果进行横向和纵向的比较分析,以了解思政教育实施效果的变化趋势和发展趋势。在分析结果时,需要注意数据的真实性和可靠性,避免主观臆断和误导性结论。

评估结果反馈。评估结果的反馈是实施效果评估的重要目的之一。需要将评估结果及时反馈给相关部门和人员,包括学校领导、教师、学生等。对于评估结果中发现的问题和不足,需要制定相应的改进措施和计划,并明确责任人和时间节点。同时,还需要加强对改进措施和计划的监督和检查,确保改进措施和计划的有效实施。在反馈评估结果时,需要注意方式的恰当性和内容的准确性,避免引起不必要的误解和争议。

总之,城市轨道交通专业课程思政教育的实施效果评估是一项复杂而重要的工作。通过构建全面、客观、准确的评估指标体系,采用多样化、全面化的评估方法,制定明确、具体的评估流程,对评估结果进行统计分析并及时反馈,可以全面客观地了解思政教育的实施效果,为未来的教学改革提供有力的数据支持和改进方向。

参考文献

[1] 安志龙,马丽,杨云峰,等.运营视角下城市轨道交通专业群建设策略研究[J].杨凌职业技术学院学报,2022,21(3):41-44,65.

[2] 王鹏,郇龙.浅谈城市轨道交通专业在实现TOD项目中的重要性[J].四川建筑,2022,42(4):89-90.

[3] 谭丽娜,白冰.高职城市轨道交通专业群师资队伍建设研究:以长春职业技术学院城市轨道交通专业群为例[J].产业与科技论坛,2022,21(10):281-282.

[4] 李颖.高职师范院校轨道交通专业人才能力素质培养体系改革与实践[J].科教文汇,2022(8):82-86.

[5] 万里娟.高职院校城市轨道交通专业"三位一体"人才培养模式研究[J].城市轨道交通研究,2022,25(3):238-239.

[6] 易晶怡.高职院校学生多元化就业指导分析:以轨道交通类专业为例[J].陕西教育(高教),2022(2):66-67.

[7] 陈迎春.基于职业能力培养的高职院校城市轨道交通专业课程建设[J].城市轨道交通研究,2022,25(1):259-260.

[8] 秦武.轨道交通类专业课程思政研究与教学实践[J].天津职业院校联合学报,2021,23(12):7-12.

[9] 王喜.基于生产技能岗位的城市轨道交通专业学生职业规划研究[J].城市轨道交通研究,2021,24(12):294-295.

[10] 余轶.体能训练对提高城市轨道交通专业学生就业能力的影响分析[J].城市轨道交通研究,2021,24(9):244-245.

[11] 张广磊.高校城市轨道交通专业融入思想政治教育元素探讨[J].城市轨道交通研究,2021,24(8):262.

[12] 曹昕鸳.城市轨道交通专业课程教学改革初探[J].新课程研究,2021(8):40-41.

[13] 曲秋莳,纪争,周丽."双高"背景下的专业群课程体系构建模式研究:以城市轨道交通专业群为例[J].武汉职业技术学院学报,2020,19(5):64-67.

[14] 王静婧.高职院校城市轨道交通专业人才培养实践研究[J].教育观察,2020,9(34):93-95.

[15] 孙泽敏,赵友.轨道交通特色专业人才培养课程体系建设研究[J].决策探索(下),2020(8):68-69.

[16] 徐新玉.基于现代学徒制的轨道交通专业群课程体系构建与实施:以苏州建设交通高等职业技术学校为例[J].江苏教育,2020(60):55-60.

[17] 孙毅.就业导向下职业院校轨道交通专业的建设研究[J].就业与保障,2020(11):51-52.

[18] 李怡民,李军,周丽.城市轨道交通行业人才需求与职业院校专业设置匹配分析[J].中国职业技术教育,2020(11):16-25.

[19] 赵慧臣,陆晓婷.开展STEAM教育,提高学生创新能力:访美国STEAM教育知名学者格雷特·亚克门教授[J].开放教育研究,2016,22(5):4-10.

[20] 王肖婧.麦克利兰的素质模型[J].财经界(管理学家),2009(3):61-64.

[21] 张明,李华.路径依赖理论对教育制度变迁的启示[J].教育研究,2023(5):45-50.

[22] 李雪婷,邹策千.基于雨课堂与史密斯——雷根模型的教学设计[J].数码世界,2018(11):151-152.

[23] 任小青.布鲁纳的认知发现学习理论及其对教学的启发[J].开封教育学院学报,2019,39(4):154-155.

[24] 盛群力,华煜雯.面向完整任务的教学排序与评估:四述梅里尔首要教学原理[J].远程教育杂志,2008,26(4):16-24.

[25] 吕林果,刘仕飞,王骋.基于马扎诺教育目标分类学的教学设计:以"牛顿第一定律"为例[J].中学理科园地,2022,18(5):44-46.

[26] 潘洪建,黄莉杰.施瓦布科学教学思想研究的力作:《科学本质与科学教学——施瓦布科学探究教学思想研究》书评[J].课程教育研究,2017(1):288-289.

[27] 刘思来,孙立会.问题导向视角下极简教育技术在教学中的应用:基于施拉姆公式的分析[J].广西职业技术学院学报,2022,15(4):90-96.

[28] 樊拥军,林品品.大学网络直播课堂的师生共进情境建构及意义:麦克卢汉教育观与建构主义的结合思考[J].声屏世界,2021(4):74-76.

[29] 李娟,马伟娜.布卢姆掌握学习理论在培智课堂教学中的应用[J].绥化学院学报,2018,38(7):59-62.

[30] 乔君堂.积极心理学思想在维果茨基"最近发展区"理论中的体现及其教育启示[J].教育观察(上旬刊),2014,3(8):15-16,29.

[31] 谭林春."教育的理想"与"理想的教育":基于杜威《民主主义与教育》的解读[J].教育现代化,2022(18):71-74.

[32] 王立平.建构主义学习理论与法律翻译教学[C]//外语教育与翻译发展创新研究(11).中国政法大学外语学院,2022:5.

[33] 韩婧.怀特海的数学教育思想研究[D].徐州:江苏师范大学,2021.

[34] 徐国庆.职业教育项目课程开发指南[M].上海:华东师范大学出版社,2009.

[35] 程飞.帕森斯的人职匹配理论对高校就业指导工作的启示[J].经营管理者,2011(18):2.

[36] 黄辉.基于O-PIRTAS模型的"舒伯生涯发展理论"翻转课堂设计[J].沙洲职业工学院学报,2019,22(2):37-41.

[37] 杨珊.高职院校特色专业就业指导策略研究:以南京铁道职业技术学院轨道专业为例[D].南京:南京农业大学,2018.